Petra Ruprechter-Grofe
**Mütter im Spagat zwischen Beruf und Familie
So finden Sie Ihre Balance**

Petra Ruprechter-Grofe

Mütter im Spagat zwischen Beruf und Familie

So finden Sie Ihre Balance

Bearbeitet von
Ursula Jungmeier-Scholz

Leykam

© by Leykam Buchverlagsgesellschaft m.b.H. Nfg. & Co. KG, Graz 2015

Kein Teil des Werkes darf in irgendeiner Form (durch Fotografie, Mikrofilm oder ein anderes Verfahren) ohne schriftliche Genehmigung des Verlages reproduziert oder unter Verwendung elektronischer Systeme verarbeitet, vervielfältigt oder verbreitet werden.

Covergestaltung:
Mag. Konstantin Kometter, www.koko-art.com
Coverfoto:
Margit Kundigraber, www.fotokundigraber.at
Comics: © Baby Blues Partnership Distr. by King Features Syndicate/Distr. Bulls
Satz und Layout: MFG Mediendesign
Gesamtherstellung: Leykam Buchverlag
ISBN 978-3-7011-7977-0
www.leykamverlag.at

Inhalt

Vorwort 8
I. Familie und Stress:
    Der Schatten des Glücks 12
    1. Die Eier legende Wollmilchsau:
       Was Mütter und Hausfrauen leisten 12
    2. Stress hat viele Gesichter:
       Besänftigen Sie Ihre mentalen Monster 13
    3. Mamastress: Typische Stressauslöser
       im Leben von Müttern 18

II. Zeitmanagement: Zeitdiebe jagen
    und Zukunftsvisionen entwickeln 22
    1. Entwickeln Sie eine Zukunftsvision! 22
    2. Entlarven Sie Ihre Zeitdiebe! 26
    3. Gewinnen Sie Zeit durch Planung 32
    4. Kreatives Zeitmanagement für Rechts-Denker ... 37
    5. Beginnen Sie den Tag positiv! 39

III. Doppelbelastung: Den Spagat
     zwischen Beruf und Familie meistern 41
    1. Kurzfristige Möglichkeiten
       des Stressmanagements: Der Sprint
       zwischen Kind und Karriere 44
    2. Langfristige Möglichkeiten
       des Stressmanagements: Bei Kilometer 10,2
       im Stress-Marathon 46

IV. Wäscheberg und Staublurch:
Den Haushalt in den Griff bekommen 54
1. 33 Tipps für einen optimierten Haushalt 54
2. Ordnung halten: Werden Sie wieder Herrin
über Ihr Reich der tausend Dinge 61
3. Ordnung bewahren: Seien Sie
der Wachhund über die mühsam
hergestellte Ordnung 63
4. Kleine Hände – große Hilfe 64

V. Familienleben: Ideen für ein
friedliches Miteinander finden 68
1. Partner: Vom Traumprinzen
zum Mitorganisator – und wieder zurück 68
2. Kinder: Gelassener Umgang mit
Kuschelköniginnen und Wutzwergen 70
3. Familie: Ab in die Hängematte! 73

VI. Spezielle Lebensumstände: So kommen
Alleinerzieherinnen und Selbständige
leichter durch den Alltag 77
1. Alleinerzieherinnen:
Alleinige Leiterinnen der Familie 77
2. Selbständige Mütter:
Alleinige Chefinnen im Job 85

VII. Selbstmanagement:
Eigene Bedürfnisse ernst nehmen 91
1. Schaffen Sie sich Auszeiten! 91
2. Schlafen Sie sich aus! 93
3. Entspannen Sie sich! 94
4. Bewegen Sie sich! 95

5. Essen Sie sich fröhlich! 96
6. Atmen Sie sich frei! 98
7. Kommen Sie zur BeSINNung! 98
8. Geteiltes Leid ist halbes Leid! 101
9. Machen Sie sich Ihre Stärken bewusst! 101
10. Achten Sie auf unscheinbare Details! 103

Zum Schluss 108

Dank 110

Anhang 1: Übungen 112

Anhang 2: Entspannungsübungen: Von der Welle
der Entspannung bis zum Mini-Urlaub 120

Anhang 3: 10 goldene Regeln für Mütter im Spagat ... 131

Literaturverzeichnis 133

Die Autorin 139

Vorwort

Liebe Leserinnen!
Willkommen in der Gemeinschaft der Mütter im Spagat! Wenn Sie dieses Buch lesen und meine Anregungen für doppelbelastete Mütter studieren, glauben Sie bitte ja nicht, ich sei eine Art Übermutter, der alles gelingt. Aufgrund meiner jahrelangen Tätigkeit als Psychologin, die sich ganz besonders intensiv mit der Situation von Müttern beschäftigt, kenne ich viele Werkzeuge, die Ihnen das Leben erleichtern können. Aber wie das beim Handwerken meistens ist: Nicht alles gelingt (von Anfang an). Bei Ihnen nicht – und bei mir auch nicht. Seien Sie daher nachsichtig mit sich selbst…
Auch wenn es in diesem Buch primär darum geht, familiäre Bedürfnisse mit den Erfordernissen der Arbeitswelt in Einklang zu bringen, richtet es sich selbstverständlich auch an jene Mütter, die ihren Spagat zwischen Haushalt und Kindern meistern. Jede Familie entscheidet selbst über ihre Lebensform. Und jede Mutter hat sich Unterstützung verdient!
Die hart erkämpfte Gleichberechtigung in Gesellschaft und Beruf ermöglicht es Frauen heutzutage, auch als Mutter erwerbstätig zu sein. Durch die Möglichkeiten der Geburtenregelung ist Mutterschaft kein unabwendbares Schicksal mehr, sondern resultiert – genauso wie die Anzahl der Kinder – bis zu einem gewissen Grad aus einer bewussten Entscheidung. Auch verfügen Frauen mittlerweile über dieselben Ausbildungsmöglichkeiten wie Männer. Der Haushalt, früher die Hauptaufgabe der Frauen, benötigt aufgrund des technischen Fortschritts nun keine Fulltime-Arbeitskraft mehr. Allerdings wird der Zeit- und Kraftaufwand für die Haushaltstätigkeiten vielfach unterschätzt und die Hausarbeit wenig wertgeschätzt.

Berufstätigkeit stellt daher für viele Frauen einen wichtigen Bestandteil ihrer weiblichen Identität dar. Aber auch finanzielle Gründe und steigende Scheidungsraten führen dazu, dass Mütter immer seltener auf ein eigenes Erwerbsleben verzichten wollen und können.

Während sich die Gesellschaft in den vergangenen hundert Jahren enorm weiterentwickelt hat, orientiert sich die betriebliche Arbeitsrealität mancherorts immer noch am Vollzeit arbeitenden Mann ohne familiäre Verpflichtungen. Mit diesen unpassenden Rahmenbedingungen haben berufstätige Mütter häufig zu kämpfen. Auch das Beziehungsideal einer gleichwertigen Partnerschaft rückt erfahrungsgemäß bei vielen Ehen und Lebensgemeinschaften mit der Geburt des ersten Kindes in den Hintergrund. Traditionelle Rollenbilder halten sich hartnäckig.

Beim Spagat zwischen Beruf und Familie übernehmen meist noch immer die Mütter, trotz ihrer Berufstätigkeit, die überwiegende Verantwortung für die Familienarbeit. Kinder, Beruf, Haushalt und Partnerschaft – alles soll (perfekt) gelingen. Dieser Anspruch, den Frauen oft selbst an sich stellen, erhöht den Stress und kann zu Überlastung, Unzufriedenheit und schlimmstenfalls ins Burnout führen.

Muttersein ist eine verantwortungsvolle, anstrengende und herausfordernde Aufgabe, zugleich aber auch wunderschön, erfüllend und bereichernd. Der Spagat zwischen dem Lebensbereich einer Mutter und der Arbeitswelt zerrt allerdings gehörig an den mütterlichen Muskeln und gelingt auch oft nicht ohne Dehnungsschmerz. Aber er ist möglich! Wenn er gelingt, dann meist aufgrund einer erfolgreichen Mischung von Ausdauer, starkem Willen und schier unerschöpflicher Kreativität.

Auch ich bin eine Mutter im Spagat. Ich habe zwei wunderbare Töchter, einen Ehemann, mit dem ich auch Zeit verbringen möchte, einige Haustiere, einen Garten und bin berufstätig. Mit dem Thema Vereinbarkeit von Beruf und Familie beschäftige ich mich beruflich seit nunmehr zehn Jahren. Ein ganzes Jahrzehnt, in dem sich auch die Spannweite meines Spagats laufend verändert hat. Von der Vollzeitmama für einige Jahre über den stundenweisen Wiedereinstieg, eine Zeit als Berufspendlerin mit fixer Anstellung, bis hin zur Selbständigkeit, die im Laufe der Zeit an Umfang zugenommen hat. Ich liebe meine Familie und ich liebe meine Arbeit. Ich kann mir eines ohne das andere nicht vorstellen, selbst wenn auch ich im Leben immer wieder einmal an die Grenzen meiner Belastbarkeit gelange.

Was ich Ihnen mit diesem Buch unbedingt mitgeben möchte, ist die Gewissheit, dass wir den verschiedenen Belastungen, die der Spagat zwischen Beruf und Familie mit sich bringt, nicht hilflos ausgeliefert sind. Vielmehr können wir lernen, angemessen damit umzugehen und unnötigen Ballast abzuwerfen. Ich möchte Ihnen die Gelegenheit geben innezuhalten, Ihre derzeitige Situation zu überdenken und herauszufinden, was Sie als Mutter in Zeiten großer Belastung ändern können, damit es Ihnen körperlich und seelisch gut geht. Ich zeige Ihnen verschiedene Methoden, die Ihnen dabei helfen können, Ihre Kräfte zu schonen und Stress abzubauen. Von mir bekommen Sie sozusagen das Werkzeug in die Hand gedrückt, mit dem Sie dann selbst Ihre Wege freischaufeln und Hindernisse abtragen können.

Für mich ist Humor eine der wichtigsten Kraftquellen – und an dieser möchte ich auch Sie teilhaben lassen. Daher wird jedes der folgenden Kapitel durch einen Comic der Reihe baby blues illustriert, der den Alltag von Familien auf humorvolle Art darstellt. Die Kapitelzusammenfassung „kurz und knackig" bringt noch einmal das Wesentliche eines Kapitels auf den Punkt – für Ungeduldige oder als Hilfe zum Wiederfinden. An zahlreichen Stellen des Buches werden Sie Beispiele aus dem Alltag von Müttern im Spagat finden, die Ihnen unterschiedlichste Lösungswege näher bringen, wie Frauen die Herausforderungen des Alltags meistern. Wenn Sie nicht nur über alternative Handlungsmöglichkeiten lesen möchten, sondern Ihre persönliche Veränderung sofort anpacken wollen, finden Sie dazu in den einzelnen Kapiteln Übungsvorschläge. Abgerundet wird mein Angebot an Sie durch kurze Entspannungsübungen für den Alltag.

Ich wünsche Ihnen viel Spaß beim Lesen und hoffe, mein Buch unterstützt Sie dabei, Ihre Balance zu finden, frei nach dem Motto: „Eine gute Mutter ist eine Mutter, der es gut geht."

Ihre

I. Familie und Stress:
Der Schatten des Glücks

Unbestritten: Unsere Familie gibt uns Kraft, Geborgenheit und bereichert unser Leben um viele Facetten. Diese Idylle hat jedoch auch ihre Schattenseiten. Das familiäre Zusammenleben erfordert Verzicht, bindet Energien und bringt auch Belastungen und Konflikte mit sich.

1. Die Eier legende Wollmilchsau:
Was Mütter und Hausfrauen leisten

Eine Mutter und Hausfrau muss viele Aufgaben erfüllen: Ihr inoffizielles Berufsspektrum reicht – unabhängig von ihrer zusätzlich ausgeübten Erwerbstätigkeit – von der Köchin über die Hausaufgabenbetreuerin bis hin zur Krankenpflegerin.

Gemeinsam mit den Teilnehmerinnen meiner Seminare habe ich einmal die **Vielfalt mütterlicher Rollen und Tätigkeiten** zusammengetragen. Das Ergebnis sollte uns stolz machen, erklärt aber auch, warum wir abends todmüde ins Bett fallen.

Animateurin Fragen beantworten basteln füttern organisieren
fördern einkaufen putzen Arzttermine wahrnehmen
Körperpflege unterstützen bügeln Kinder aufwecken auf den Spielplatz gehen
Köchin Jause richten **Krankenpflegerin**
Hausaufgaben kontrollieren Geschenke besorgen
vorlesen **Lernassistentin** kuscheln dekorieren
Soziale Kontakte pflegen ausmisten Haustiere versorgen **Vorbild**
Auto warten Streit schlichten Reparaturen durchführen Partys organisieren
spielen **Beraterin** Verantwortung übernehmen Termine koordinieren
trösten Gartenarbeit erledigen zuhören **Taxi** Koffer packen
Elternabende besuchen aufräumen Müll sortieren und entsorgen
Papierkram erledigen **Lexikon** nächtlichen Bereitschaftsdienst übernehmen
Fragen beantworten Kleidung einkaufen Kinder erziehen **Partnerin**

Diese Liste ließe sich sicher noch erweitern. Viele dieser Aufgaben erfahren erst dann familiäre Aufmerksamkeit, wenn sie nicht mehr erledigt werden. Passt alles, nimmt die Familie das Ausmaß der Anstrengung gar nicht wahr. Daher bekommen Mütter oft wenig **Wertschätzung** für ihre zahlreichen unverzichtbaren Serviceeinsätze, obwohl sie unvorstellbar viel Zeit investieren. Nicht umsonst fragen sich am Ende eines Tages viele Mütter, wohin ihre Zeit verschwunden ist. Denn selbst ihnen ist der Umfang ihrer Tätigkeiten nicht immer bewusst.

Eine deutsche Studie[1] zeigt, dass **Familienarbeit** im Wesentlichen immer noch **Frauensache** ist. Auch die viel zitierte österreichische Zeitverwendungsstudie[2] belegt, dass Mütter deutlich mehr Zeit für unbezahlte Arbeit – vor allem für Betreuungsaufgaben und Hausarbeit – aufwenden als Väter. Männer bringen sich seltener in die Familien- und Hausarbeit ein, ihre Arbeit wird dann aber umso deutlicher wahrgenommen und umso mehr gewürdigt.

2. Stress hat viele Gesichter:
Besänftigen Sie Ihre mentalen Monster

Vor rund 50 Jahren wurde das Wort Stress kaum verwendet, heute zählt der Stress zu den am intensivsten beforschten gesundheitlichen Risikofaktoren. Trotz seiner negativen Folgen scheint Stress eine wichtige **soziale Funktion** zu erfüllen: Wer zugibt, gestresst zu sein, betont damit seine Wichtigkeit für die Gesellschaft und nicht zuletzt auch seine Tüchtigkeit. Jeder Lebensbereich bietet eigene Stresssitu-

---

[1] Vorwerk Familienstudie 2009. Ergebnisse einer repräsentativen Bevölkerungsumfrage zur Familienarbeit in Deutschland. Juli 2009. Allensbacher Archiv, IfD-Bericht Nr. 7467.
[2] Zeitverwendung 2008/09. Ein Überblick über geschlechtsspezifische Unterschiede, Wien 2009.

ationen: Von der Überlastung im Job über den schulischen Leistungsdruck bis hin zur überaktiven Freizeit. *Ich bin gestresst* zu klagen gehört zum guten Ton.

Unter Stress versteht man eine wichtige, uralte **Anpassungsreaktion des Körpers** auf Ereignisse, die als bedrohlich wahrgenommen werden. Bestand die Bedrohung bei unseren Vorfahren beispielsweise im Kampf gegen einen Säbelzahntiger, so zählen dazu heute Zeitdruck, große Verantwortung, Konflikte, Arbeitsplatzverlust oder die Trennung von einem geliebten Menschen. Zur Bewältigung dieser stressauslösenden Situationen schüttet der Körper Stresshormone aus und stellt Energie bereit – für den bevorstehenden Kampf oder die angeratene Flucht. Dadurch kann es unter anderem zu vermehrtem Schwitzen, einer Erhöhung von Blutdruck und Muskelspannung, einer Anhebung von Cholesterin- und Blutzuckerspiegel, einer beschleunigten Atmung oder zu Kopfschmerzen kommen. Dabei handelt es sich um lauter Veränderungen, die uns auf eine körperliche Höchstleistung vorbereiten, die aber bei Auseinandersetzungen im Büroalltag, wo mit Worten gekämpft wird und niemand davonlaufen darf, meist unangebracht sind. Wer aber nicht kämpft oder flüchtet hat Schwierigkeiten, Blutzuckerspiegel, Blutdruck und Muskelspannung im Anschluss an einen Konflikt wieder zu senken.

Unsere Stressreaktion äußert sich aber nicht nur auf der körperlichen Ebene, sondern beeinflusst zusätzlich unser Denken, Fühlen und Handeln. Unter Stress reagieren Menschen ungeduldig, sind gereizt, unzufrieden und emotional angespannt, neigen zu Selbstvorwürfen, Schuldgefühlen und grüblerischen Gedanken.

> *Übungsvorschlag: Meine persönlichen Stress-Signale*
>
> Stressreaktionen laufen meist automatisch und individuell verschieden ab. Eine wichtige Voraussetzung für ein erfolgreiches Stressmanagement besteht darin, die eigenen Reaktionsmuster zu kennen und möglichst früh wahrzunehmen. Überlegen Sie sich deshalb bitte:
> **Woran merke ich, dass ich gestresst bin?**
> *Was sind meine persönlichen Warnsignale und Symptome? Nehme ich unter Stress eher ein flaues Gefühl im Magen oder vermehrte Kopfschmerzen wahr? Welche Gedanken, Gefühle, körperlichen Reaktionen oder Verhaltensweisen zeigen mir, dass der Druck zu groß geworden ist?*
> Wenn Sie die ersten Anzeichen Ihrer Stressreaktion erkennen, können Sie eventuell noch rechtzeitig die Bremse ziehen. Achten Sie in den kommenden Tagen einmal gezielt auf Ihre Warnsignale in stressigen Situationen.

Jede von uns reagiert individuell auf einen verlegten Schlüssel, Terminkollisionen oder den Beinbruch ihres Kindes. Wie Sie mit Stress fertig werden resultiert also aus Ihrer Persönlichkeit, Ihren Erfahrungen, Ressourcen und Ihrem ganz eigenen Grad an Belastbarkeit. Auch die individuelle **Einschätzung**, ob Sie sich den Anforderungen gewachsen fühlen, beeinflusst die Stärke Ihrer Stressreaktion.

Nutzen Sie die **Macht Ihrer Gedanken**. Automatisch abgespulte Glaubenssätze wie *Das schaffe ich nicht, Alles muss perfekt sein* oder *Nur ich kann es richtig machen* spielen bei der Entstehung von Stress eine große Rolle. Außerdem beeinträchtigen negative Gedanken Ihr Wohlbefinden und erhöhen Ihre Verletzlichkeit.

Machen Sie sich Ihre meist reflexartig auftretenden pessimistischen Glaubenssätze bewusst und ersetzen Sie sie durch **realistische oder hilfreiche Gedanken** wie *Das ist knapp, aber möglich* oder *In der Ruhe liegt die Kraft.*
Hinterfragen Sie außerdem deren demotivierende Botschaften: Stimmt das wirklich? Welche Beweise sprechen dafür, dass ich das nicht schaffen werde? Wie würden andere Personen diese Situation bewältigen?
Versuchen Sie auch einmal, Ihr persönliches **Katastrophenszenario** bis zum Ende durchzudenken: Was kann schlimmstenfalls passieren, wenn Sie es heute nicht mehr zum Elternabend schaffen? Was geschieht, wenn Sie Ihr Kind nicht pünktlich vom Kindergarten abholen?
Haben Sie das Durchspielen des Katastrophenszenarios ohne Herzrasen überlebt, dann wenden Sie sich wieder den angenehmen Seiten Ihres Lebens zu. Füttern Sie Ihre mentalen Monster regelmäßig mit **positiven Wahrnehmungen**, indem Sie sich beispielsweise abends vor dem Einschlafen an fünf schöne Erlebnisse des Tages erinnern, und seien diese auch noch so klein.

Beispiel aus dem Alltag einer Mutter im Spagat:
Sofie hat in einem Ratgeber von jenem italienischen Conte gelesen, der jeden Tag in der Früh seine rechte Jackentasche mit getrockneten Bohnen füllt. Bei jedem erfreulichen Ereignis des Tages lässt er eine Bohne von der rechten in die linke Jackentasche wandern. Am Abend zählt er dann die Bohnen der linken Tasche und macht sich dadurch bewusst, wie viele schöne Momente ihm dieser Tag geschenkt hat.
Sofie wollte das auch ausprobieren. Als sie nach zwei hektischen Tagen, an denen sie vergessen hatte, die Bohnen umzufüllen, in ihre Jackentasche griff, fand sie links keine einzige

Bohne. Gleichzeitig erinnerte sie sich aber an zahlreiche schöne Momente, die es wert gewesen wären, eine Bohne dafür wandern zu lassen, und auch diese Erinnerungen erfüllten sie mit Zufriedenheit. An manchen Tagen lässt sie seither reale Bohnen wandern, an anderen begnügt sie sich mit den mentalen.

Probieren Sie außerdem einmal die **Stress-Diät**: Ersetzen Sie die Bezeichnungen *Stress* und *Problem* eine Woche lang konsequent durch *Ansporn* und *Herausforderung*. Das eröffnet Ihnen eine neue Perspektive! Streichen Sie alle Formulierungen, die Hektik in Ihren Alltag bringen, wie *sofort* oder *ich muss* aus Ihrem Wortschatz.

> *Übungsvorschlag: Ich zähme meine Glaubenssätze*
>
> Nehmen Sie sich ein Blatt Papier und teilen es mit einer senkrechten Linie in zwei Spalten. In die linke Spalte schreiben Sie alle negativen Glaubenssätze, die Ihnen in stressigen Situationen automatisch in den Sinn kommen. In der rechten Spalte notieren Sie sich, durch welchen neuen positiven Glaubenssatz Sie den negativen ersetzen könnten. Statt *Das kann ich nicht* steht dann dort vielleicht *Das ist eine interessante Herausforderung*.
> Achten Sie in der nächsten Zeit vermehrt auf Ihre Glaubenssätze und haben Sie Geduld mit sich. Es braucht seine Zeit, alte Überzeugungen abzulegen und durch neue zu ersetzen.

Ein gewisses Maß an Stress bringt uns im Leben sogar weiter, mobilisiert verborgene Kräfte und erhöht dadurch unsere Leistungsfähigkeit. Die wichtigste Grundregel des Stressmanagements lautet jedoch: Auf jede Stresssituation muss eine entsprechende **Entspannungsphase** folgen. Hält die Belastungsphase nämlich ununterbrochen an, schädigt das auf Dauer unseren Körper.

3. Mamastress:
Typische Stressauslöser im Leben von Müttern

Sie allein entscheiden, was Sie stressen darf. Wird Ihr Kind kurz vor einem wichtigen Abgabetermin krank, hat dieser Stressauslöser eine andere Wertigkeit als die Kritik Ihrer Schwiegermutter an Ihrem Erziehungsstil. Mögliche Stressauslöser im Alltag von Müttern können die folgenden sein:

Persönliche Stressauslöser:
- Schlechtes Gewissen: Berufstätige Mütter haben oft ein chronisch schlechtes Gewissen, weil sie glauben, für alle Lebensbereiche zuständig zu sein und dafür zu wenig Zeit zu haben.
- Angst: Eine Mutter ist immer in Sorge um ihren Sprössling. Lernt er rechtzeitig laufen? Kommt er in der Schule zurecht? Findet er verlässliche Freunde?
- Selbstaufopferung: Natur und Instinkt führen dazu, dass Mütter in erster Linie die Bedürfnisse des hilflosen Wesens befriedigen und ihre eigenen Wünsche ignorieren.
- Perfektionismus: Zu hohe Ansprüche führen unweigerlich dazu, dass Mütter sich als mangelhaft erleben.
- Nicht Nein-Sagen können: Aus Furcht, jemanden vor den Kopf zu stoßen, halsen sich Mütter oft unnötige Arbeit auf.
- Hilflosigkeit: Die Unsicherheit bei Entscheidungen, die die Kinder betreffen, kostet viel Kraft.

Zwischenmenschliche Stressauslöser:
- Große Verantwortung für 24 Stunden am Tag: In letzter Konsequenz sind immer die Eltern zuständig.
- Unberechenbarkeit und unerwartete Störungen: Ständige Überraschungen gehören zum Alltag mit Kindern und sind unvermeidlich.
- Entwicklungsphasen: Ob Trotzphase oder Pubertät, Eltern stehen regelmäßig vor pädagogischen Herausforderungen.
- Konflikte im Umfeld: Wenn sich (Groß-)Eltern in die Erziehung einmischen oder Nachbarn über den Kinderlärm beschweren, erfordert es viel Kraft, sich davon zu distanzieren.
- Konkurrenz unter Müttern: Das Kind der einen spricht früher, das der anderen bringt bessere Schulnoten nach Hause. Mütter neigen dazu, sich ständig mit anderen zu vergleichen.
- Partnerschaft: Auch die Pflege der Beziehung zum Partner stellt in dieser Lebensphase oft eine große Herausforderung dar.
- Noch viel mehr Energie verbraucht der ganz normale Alltagswahnsinn, wenn Mütter ihre Kinder alleine erziehen.

Gesellschaftliche Stressauslöser:
- Vereinbarkeit von Kindern, Küche und Karriere: Die Zeit, die in einen Bereich investiert wird, fehlt naturgemäß im anderen.
- Organisation einer passenden Kinderbetreuung: Gerade in jenen Phasen, in denen ein Kind ungern zur Tagesmutter oder in den Kindergarten geht, zerbrechen sich Eltern den Kopf, ob sie die richtige Entscheidung getroffen haben.

- Schule und Ausbildung: Mütter fragen sich, ob sie ihrem Kind wirklich den bestmöglichen Start in sein Berufsleben ermöglichen.
- Gesellschaftliche Erwartungen: Was eine gute Mutter angeblich alles wissen, können und vor allem tun sollte, schafft kein einzelner Mensch!
- Zeitdruck: Kinderarzttermin, Flötenprüfung und die Sprechstunde der Mathematiklehrerin unter einen Hut zu bringen, gelingt oft nur unter größtem Stress.
- Finanzielle Sorgen: Da Eltern nicht nur für sich selbst, sondern auch für ihre Kinder sorgen müssen, gewinnt ein finanzieller Engpass noch andere Dimensionen.
- Unzumutbare Wohnverhältnisse: Zu wenig Platz, hellhörige Wände oder Straßenlärm bei Nacht verursachen ein Grundunwohlsein.

Übungsvorschlag: Ich identifiziere meine Stressauslöser

Stress ist nur individuell zu verstehen und veränderbar. Was die eine Mutter belastet, wird von der anderen vielleicht als anregend empfunden. Daher sind nur Sie die Fachfrau für Ihren Stress. Am Beginn einer wirksamen Stressbewältigung steht also Ihr eigener kritischer Blick auf Ihr Leben, Ihre Werte und Ihr bisheriges Verhalten. Nehmen Sie sich die Zeit und schauen einmal ohne rosa Brille auf den Ist-Zustand:
Was löst bei mir als Mutter Stress aus? *Welcher Stress entspringt in mir selbst und wo lasse ich mich durch (vermutete) Erwartungen anderer in Stress versetzen?*

Kurz und knackig
- Machen Sie sich bewusst, wie viele Rollen Sie als (berufstätige) Mutter und Hausfrau übernehmen. Sie können wirklich stolz auf sich sein!
- Lassen Sie jeden Abend die positiven Erlebnisse des Tages Revue passieren und spüren Sie mit allen Sinnen Glück und Erfolg nach.
- Wenn sich die Stresssituation zuspitzt, spielen Sie Ihr persönliches Katastrophenszenario einmal bis zum Ende durch. Reicht das nicht, um negative Gedanken zu entschärfen, holen Sie sich Hilfe.
- Nehmen Sie sich einen Abend lang Zeit, um Ihre individuellen Stressauslöser besser kennenzulernen.
- Verabschieden Sie sich von den unwichtigen Stressfaktoren. Sie allein entscheiden, worin Sie Ihre Energie investieren.

So unterschiedlich wie das Stresserleben gestaltet sich auch die Stressbewältigung. Betrachten Sie deshalb bitte die Anregungen der nächsten Kapitel als Selbstbedienungsbuffet und nehmen sich davon nur, was Sie anlacht und was Sie in Ihrer Situation benötigen. Entdecken Sie vor allem die Lust am Experimentieren und finden Ihren eigenen Weg!

II. Zeitmanagement:
Zeitdiebe jagen und Zukunftsvisionen entwickeln

Als Chefin des Unternehmens Familie haben Sie es selbst in der Hand, wie Sie Ihren Alltag organisieren und wie Sie für ausreichend Freiräume sorgen. Ein durchdachtes Zeitmanagement hilft Ihnen dabei, Strukturen zu schaffen, die für weniger Stress und mehr ruhige Momente im Alltag sorgen.

> *Übungsvorschlag: Ich überdenke mein Zeitmanagement*
>
> *Wie zufrieden bin ich mit meinem aktuellen Zeitmanagement – auf einer Skala von 1 (nicht zufrieden) bis 10 (sehr zufrieden)?*
>
> *Unterscheidet sich mein berufliches Zeitmanagement von meinem privaten – und welches habe ich besser im Griff?*
>
> *Wofür hatte ich in den vergangenen Tagen und Wochen zu wenig Zeit?*

1. Entwickeln Sie eine Zukunftsvision!
Alice: „Würdest du mir bitte sagen, wie ich von hier aus weitergehen soll?" „Das hängt zum größten Teil davon ab, wohin Du möchtest", sagte die Katze (Alice im Wunderland, L. Carroll, 1963). Definieren Sie konkrete Ziele für ein entspannteres Leben und Sie werden erkennen, in welche Richtung Ihr Weg führt.

Wozu Sie Ziele brauchen
Was haben die Abteilungsleiterin Anna Musterfrau und Angela Merkel gemeinsam? Egal ob Führungskraft oder Bundeskanzlerin, beide setzen sich Ziele – sowohl im beruflichen als auch im privaten Bereich. Ziele sind die Basis Ihrer Motivation. Auch Sie profitieren davon, wenn Sie Wunschträume in konkrete Lebensziele umwandeln. Mit einem klaren Ziel vor Augen gehen Sie entschlossener vor, nutzen Ihre Zeit effektiver und lernen, Wichtiges von Unwichtigem zu unterscheiden. Sobald Sie wissen, wohin Sie wollen und wofür Sie sich engagieren, sehen Sie manche Anstrengung in einem anderen Licht. Haben Sie beispielsweise den neuen Job als Einrichtungsberaterin vor Augen, lernen Sie leichter für die Materialkundeprüfung. Wenn Sie immer wieder an Ihr Ziel denken, richten Sie auch Ihre unbewussten Kräfte auf Ihr Tun aus. Sie bringen eher die nötige Selbstdisziplin auf, um sogar an schlechten Tagen weiterzumachen.

Benennen Sie Ihre Ziele
- Formulieren Sie den angestrebten **Ist-Zustand** aus – und **vermeiden** dabei den **Konjunktiv**: *Ich gehe jeden Donnerstagabend weg* statt *Es wäre schön, einmal pro Woche rauszukommen*. Oder: *Ich verdiene mein eigenes Geld* statt *Mit einem eigenen Einkommen wäre ich unabhängiger*.
- Ziele sollen außerdem **konkret, realistisch** und **unabhängig von anderen erreichbar** sein. Je genauer Sie Ihre Ziele formulieren, desto tiefer prägen sich diese in Ihr Bewusstsein ein.
- Äußern Sie Ihre Wünsche immer **positiv** – das verleiht ihnen die Kraft einer Vision. Außerdem entsteht bei einer positiven Aussage in Ihrem Kopf sofort das Bild von Ih-

rem Wunschzustand. Sagen Sie: *Ich möchte Sport machen* oder konkret: *laufen gehen* anstatt *Ich will nicht mehr so faul zuhause herumsitzen.*
- **Weniger** ist mehr! Beginnen Sie mit einem einzigen Ziel.
- **Begründen** Sie Ihr Ziel. Wenn Ihnen klar ist, warum Sie täglich joggen oder alle 14 Tage eine Bewerbung abschicken wollen, gibt Ihnen das mehr Energie und Entschlossenheit für die Umsetzung.
- Setzen Sie **Prioritäten**. Welches Ziel ist vordringlich, welches kann warten?
- Entwerfen Sie einen Plan, der aus mehreren **Etappenzielen** besteht. So werden Sie häufiger durch Erfolgserlebnisse motiviert.
- Legen Sie einen **Zeitrahmen** fest, bis wann Sie Ihr Ziel erreichen wollen. Planen Sie die ersten Schritte. *Ich erlerne Karate, schreibe mich zu Beginn des nächsten Semesters im Karateclub ein und mache nach spätestens zwei Jahren den gelben Gürtel.* Der Zeitplan macht ein Ziel überschaubarer und hilft dabei, rasch aktiv zu werden.
- Setzen Sie **innerhalb von 72 Stunden den ersten Schritt**. Alles, was Sie nicht in den ersten drei Tagen anpacken, droht auf unbestimmte Zeit aufgeschoben zu werden.
- **Loben** Sie sich für jeden Schritt in die richtige Richtung und lassen Sie sich nicht von Rückschlägen entmutigen.

Beispiel aus dem Alltag einer Mutter im Spagat:
Ich nehme mir immer zu Jahresende ein wenig Zeit, um das vergangene Jahr Revue passieren zu lassen. Dabei setze ich mir für das kommende Jahr Ziele in verschiedenen Bereichen wie Kindererziehung, Partnerschaft, Arbeitsgestaltung oder Gesundheitsvorsorge. Eine Anleitung dafür finden Sie im Anhang. Auch wenn es mir letztlich nicht immer gelingt, alle

Vorhaben in die Tat umzusetzen, so behalte ich durch dieses Vorgehen wesentliche Ziele dauerhaft im Auge.

Auch die Erarbeitung von Zielen will gelernt sein und muss trainiert werden. Hier eine kurze Einstiegsübung:

> *Übungsvorschlag:*
> *Was werde ich in der nächsten Woche für mich tun?*
>
> *Wann gönne ich mir eine Erholungspause und was möchte ich in dieser Zeit tun? Führe ich ein lange überfälliges Telefongespräch mit einer lieben Freundin oder mache einen kurzen Spaziergang ganz alleine?*

Und für Fortgeschrittene:

> *Übungsvorschlag:*
> *Meine Zielexpedition – was will ich erreichen?*
>
> Lesen Sie die Tipps zur Zielformulierung noch einmal in Ruhe durch. Dann notieren Sie Ihre Ziele für Familie, Beruf, Freizeit, Gesundheit oder für andere Lebensbereiche, die Sie in den nächsten 12 Monaten erreichen wollen. Formulieren Sie positiv und konkret.
> Anschließend suchen Sie sich jenes Ziel aus, das Ihnen derzeit am wichtigsten ist und konkretisieren es: Beschreiben Sie es im Detail und legen einen Zeitrahmen samt Etappenzielen dafür fest. Planen Sie den konkreten ersten Schritt – und starten Sie innerhalb von drei Tagen!

2. Entlarven Sie Ihre Zeitdiebe!
Wenn du dich durch jeden Hund aufhalten lässt, der dich auf deinem Weg anbellt, wirst du nie ans Ziel kommen. Arabisches Sprichwort

Gewöhnliche Zeitdiebe rauben Ihnen oft nur wenige Minuten. Laufen Sie Ihnen allerdings den ganzen Tag über den Weg, verlieren Sie dabei Stunden.

Oft wächst sich eine zunächst harmlose Ablenkung zu einem unersättlichen Zeitdieb aus. Zeitdiebe bemächtigen sich auf zweierlei Weise Ihrer kostbaren Zeit: Einerseits auf direktem Weg, beispielsweise durch ein ebenso end- wie ergebnisloses Telefonat. Andererseits aber auch dadurch, dass Sie nicht nur während des Telefongesprächs unproduktiv sind, sondern auch im Anschluss daran wieder zwei bis drei Minuten benötigen, um sich geistig auf die unterbrochene Tätigkeit einzustellen. Häufige Störungen beeinträchtigen nachhaltig Ihre Konzentrationsfähigkeit.

Die Zeit, die Ihnen ein Zeitdieb raubt, fehlt Ihnen für jene Aufgaben, die Ihnen eigentlich wichtig sind. Der fiese Kerl zwingt Sie somit, notwendige Angelegenheiten zu vertagen und nährt in Ihnen ein Gefühl von Ineffizienz und Unzufriedenheit.

Zeitdiebe haben verschiedene Gesichter
Es gibt verschiedenste Möglichkeiten, wie Ihnen Zeit gestohlen werden kann:
- **Unerwartete Besucher oder Begegnungen**: Ihre Cousine schaut unangemeldet vorbei, auf der Straße treffen Sie Ihre ehemalige Geschichtelehrerin oder Ihr Bürokollege schildert ausführlich sein misslungenes Wochenende.
- **Telefon**: Telefonate bekommen unerwartet Überlänge oder erreichen Sie genau dann, wenn es gar nicht passt,

weil Sie ohnehin schon in den Kindergarten hetzen müssen oder mitten in einem wichtigen Gespräch sind.
- **E-Mails**: Die Gewohnheit, jede Mail sofort zu beantworten, setzt Sie unter Druck.
- **Lange Besprechungen**: Small Talk sowie endlose Diskussionen blähen Besprechungen unnötig auf.
- **Aufschieben von unangenehmen oder zeitintensiven Arbeiten**: Füllen Sie nur ungern Formulare aus oder sortieren Sie die Fotos lediglich dann, wenn es unbedingt sein muss, besteht die Gefahr, dass Sie sich zuvor noch schnell eine Tasse Kaffee kochen oder das Fernsehprogramm überfliegen und so wertvolle Zeit verlieren.
- **Unklare Zielsetzung**: Sie gehen Ihren Tag ohne Konzept oder Struktur an – um dann am Abend festzustellen, dass das dringende Telefonat mit der Englischlehrerin nicht stattgefunden hat oder die fristgerechte Buchung Ihres IT-Seminars jetzt nicht mehr möglich ist.
- **Selbst-Überladung mit Aufgaben**: Sie unterschätzen den Zeitaufwand von Routinetätigkeiten und nehmen sich daher zu viel vor.
- **Fehlende Ordnung und überflüssige Gegenstände**: Auf überladenen Schreibtischen den Überblick zu bewahren oder in einer vollgestopften Abstellkammer den kleinen Handbesen zu finden, kostet unnötig Zeit.
- **Angst, *nein* zu sagen**: Aus Angst, als unengagierte Mutter zu gelten, weil Sie keinen Kuchen für das Schulfest backen, stehen Sie noch um zehn Uhr abends in der Küche.
- **Perfektionismus**: Das Streben nach hundert Prozent Sauberkeit im Vorzimmer oder die Auswahl ausnahmslos pädagogisch wertvoller Lektüre für Ihre Kinder raubt Ihnen enorm viel Kraft.

- **Kinder:** Auch Kinder können Zeit stehlen, wenn sie ihren Müttern keine Chance lassen, einen Arbeitsschritt ohne Unterbrechung zu Ende zu bringen. Zwar sind Ihre Kinder sicher die nettesten Zeitdiebe, die Ihnen begegnen, trotzdem sollten Sie auf kinderfreundliche Weise Herrin Ihrer Zeit bleiben. Erledigen Sie beispielsweise einfachere Arbeiten wie Kartoffelschälen zusammen mit Ihrem Kind. Bei diesen gemeinsamen Tätigkeiten erfahren die Kinder Wertschätzung und erlernen einfache Handgriffe. Verlegen Sie Arbeiten mit unsichtbarem Partner, wie Lesen, Schreiben und Telefonieren, auf Zeiten, in denen jemand anderer Ihre Kinder betreut. Gewinnt ein Kind den Eindruck, Sie seien unterbeschäftigt, weckt das höchstwahrscheinlich plötzlichen Durst oder ein unaufschiebbares Schmusebedürfnis in ihm.

Jagen Sie die Zeitdiebe!
Haben Sie das Gefühl, dass Ihnen Zeitdiebe heimlich oder offensichtlich Zeit stehlen, sollten Sie einen Kassasturz Ihres Zeitbudgets machen. Wie lange brauchen Sie wirklich, um nach dem Abendessen die Küche aufzuräumen? Erkennen Sie, was mit Ihrer wertvollen Zeit passiert, und führen Sie einmal eine Woche lang ein Zeitprotokoll mithilfe eines **Wochenplans**. Notieren Sie dafür in Stichwörtern, welche Aufgaben Sie täglich bewältigen müssen und wie viel Zeit Sie dafür benötigen. Ein Muster-Zeitprotokoll finden Sie im Anhang. Allein dadurch, dass Sie bewusster mit Ihrer Zeit umgehen, werden Sie den täglichen Stress reduzieren. Möglicherweise erkennen Sie auch, dass Sie mehr schaffen, als Sie bisher gedacht hatten.
Durchforsten Sie mithilfe Ihres Zeitprotokolls den Dschungel Ihrer Alltagsaufgaben nach **verzichtbaren Tätigkeiten**.

Welche zeitraubenden Nebensächlichkeiten wuchern in Ihrem Terminplan? Vielleicht bügeln Sie T-Shirts, die man auch glatt streifen könnte? Oder Sie saugen jeden Tag Staub? Finden Sie heraus, wie viele Wollmäuse Ihr kritischer Blick verträgt. Ein perfekter Haushalt strengt unglaublich an. Streichen Sie alles aus Ihrer Planung, worauf Sie meinen, verzichten zu können.

Planen Sie großzügige **Pufferzeiten** ein! Mit kleinen Kindern kann ein Aufbruch zum Einkaufen in eine Staatsaktion ausarten: noch einmal aufs Klo gehen, die pinke Mütze oder den Kuschelhasen suchen und die richtige Jacke auswählen. Die meisten Zeitverluste entstehen nicht während einer bestimmten Tätigkeit, sondern in den Übergängen zwischen zwei Aktivitäten. Wer nur mal eben bei der Stadt nach den neuen Müllabfuhrterminen fragen will, hängt zehn Minuten lang in der Warteschleife. Wer nur mal schnell ein Buch aus der Bibliothek holen möchte, sucht eine Viertelstunde nach einem Parkplatz. Pufferzeiten sind keine vergeudete Zeit, sondern Blutdrucksenker und Stimmungsaufheller im turbulenten Familienalltag.

Ignorieren Sie unerwartete **Anrufe**, wenn sie zu ungünstigen Zeiten einlangen! Lassen Sie das Telefon ruhig auch mal klingeln und delegieren die Kontaktaufnahme an den Anrufbeantworter oder die Mailbox.

Arbeiten Sie **E-Mails** gesammelt ab. Legen Sie dafür fixe E-Mail-Zeiten fest und schalten Sie die akustische und visuelle Ankündigung eingehender Nachrichten aus.

Beispiel aus dem Alltag einer Mutter im Spagat:
Susanne war es früher sehr wichtig, E-Mails sofort zu beantworten. Da sie dabei immer wieder in ihrer Konzentration gestört wurde und auch viel Zeit in die Beantwortung unwich-

tiger E-Mails investiert hat, blieb ihre eigentliche Arbeit oft liegen. Im Laufe des Seminars „Mütter im Spagat" nahm sie sich vor, ihre Vorgangsweise zu ändern. Sie entschied sich dafür, ihre E-Mails nur noch um 9.00, 12.00 und 15.00 Uhr abzurufen und lernte auch zu entscheiden, welche davon sofort bearbeitet werden müssen. Für die übrigen, die auch später erledigt werden können, legte sie sich einen eigenen Ordner mit dem Titel noch zu erledigen *an. Damit gestaltete sie ihren Posteingang übersichtlich und fühlt sich nun von der Flut eingehender E-Mails nicht mehr so unter Druck gesetzt.*

Formulieren Sie vor **Besprechungen** Ihre Erwartungen und Ziele und fragen diese auch von den anderen Teilnehmenden ab. Legen Sie anhand dieser Agenda einen Zeitrahmen für die Sitzung fest.

Stellen Sie sich in Situationen der Zeitnot zwischendurch immer wieder die Frage: ***Was ist gerade jetzt wirklich wichtig?*** Was hat Vorrang, wenn der Bericht noch an diesem Nachmittag fertig gestellt werden muss und Ihr Kind pünktlich aus der Krippe abzuholen ist? Kann der Abgabetermin verschoben werden oder die Tochter mit einer Freundin mit nach Hause gehen? Treffen Sie Entscheidungen und gewinnen auf diese Art Übung darin, **Prioritäten** zu setzen und **Ziele** anlassbezogen neu zu definieren.

Egal ob am Büroplatz, in der Küche oder in Ihrem Spind: Verschaffen Sie sich an Ihren verschiedenen Arbeitsplätzen eine möglichst gleich bleibende **Grundordnung**. So behalten Sie leichter die Übersicht. Trennen Sie sich von unnötigem Ballast: Wie Sie gekonnt Überflüssiges loswerden, erfahren Sie im Kapitel „Wäscheberg und Staublurch".

Üben Sie, ***nein*** zu sagen – wenn nötig, zunächst einmal allein vor dem Spiegel. Probieren Sie die Kunst des Nein-Sagens bei kleinen Handlungen im Alltag aus. Wenn Sie in der Feinkostabteilung zu viel Wurst bekommen oder schon wieder den Nachbarshund hüten sollten. Beobachten Sie bewusst andere Personen, denen dies offensichtlich gut gelingt. Erbitten Sie sich bei komplizierten Fragen eine Bedenkzeit. Überlegen Sie, falls es um Arbeitsverteilung geht, gleich einmal, an wen Sie diese Aufgabe **delegieren** könnten.

Setzen Sie sich selbst **Fristen** und vermeiden so unnötige Zeitverluste durch Aufschieben. Die Steuererklärung muss bis Mitte März erledigt sein, in die Sprechstunde des Lateinlehrers gehen Sie innerhalb der nächsten drei Wochen und das Nähen des Faschingskostüms dürfen Sie nur noch einmal aufschieben, sonst kaufen Sie ein fertiges. Zerlegen Sie große Aufgaben in kleine, leichter zu bewältigende Teilaufgaben und belohnen Sie sich, sobald Sie diese erledigt haben.

Reduzieren Sie Ihren Perfektionismus und gestehen Sie sich auch zu, Fehler zu machen. Fragen Sie sich doch einmal ganz direkt: *Was ist mir wirklich wichtiger: Sind es streifenfrei geputzte Fenster oder schöne Momente mit meiner Familie?*

Entscheiden Sie bewusst, wann Sie für wen erreichbar sind. Natürlich ist **Small Talk** ein wichtiger Teil eines geselligen Lebens und Ablenkungen bereiten auch Vergnügen. Wichtig ist nur, dass das Verhältnis zwischen der Dauer der Ablenkung und Ihrem momentanen Zeitbudget stimmt. Legen Sie selbst fest, wann Sie Kontakte haben wollen oder wann Sie nicht aufgehalten werden möchten.

Übungsvorschlag: Ich erkenne und jage meine Zeitdiebe

Nehmen Sie sich ein Blatt Papier und teilen es mit einer senkrechten Linie in zwei Spalten. In der linken Spalte sammeln Sie Ihre Zeitdiebe. In der rechten Spalte schreiben Sie alle Maßnahmen auf, die Ihnen einfallen, mit denen Sie die Zeitdiebe dingfest machen und vertreiben können.
Nutzen Sie dazu die Vorschläge auf den vorangegangenen Seiten.

3. Gewinnen Sie Zeit durch Planung

„Plane, als würdest du ewig sein, doch lebe, als sei dies dein letzter Tag." Persisches Sprichwort

Eine gelungene Planung schafft Struktur und Überblick über die anfallenden Aufgaben. Durch geschicktes Terminmanagement erleben Sie weniger Hektik und Stress, aber dafür mehr Vorhersehbares im Tagesablauf. Strukturieren Sie Ihren Tag im Voraus und sparen so Zeit für wirklich Wichtiges und Unwiederbringliches: Sie können entspannt mit den Kindern spielen, deren Faszination für Regenwürmer oder Plastikponys kennen lernen oder sich in Ruhe mit Ihrem schwerhörigen Großvater unterhalten. Bemühen Sie sich, „gewonnene" Zeit vorwiegend in langsame, entspannende Tätigkeiten zu investieren.

Nutzen Sie eine Erkenntnis aus dem Managementbereich: Wer seinen Arbeitstag acht Minuten lang konzentriert vorbereitet, kann täglich eine Stunde Zeit gewinnen.

Planen Sie schriftlich

Wenn man Pläne nur im Kopf hat, verliert man leicht den Überblick. Das schriftliche Festhalten Ihrer Zeitplanung bringt auch eine gewisse Verbindlichkeit mit sich. So haben die Zeitdiebe eine geringere Chance, Sie abzulenken. Sobald Sie Ihre Terminplanung niederschreiben, entlasten Sie Ihren Denkapparat: Sie müssen nicht mehr ständig grübeln, was noch zu tun ist, oder sich sorgen, ob Sie wohl nichts vergessen haben. Und wenn Sie eine Aufgabe erledigt haben, können Sie diese erleichtert abhaken.

Lernen Sie, Ihren Zeitbedarf realistisch einzuschätzen
Viele Menschen unterschätzen die Zeit, die sie brauchen, um banale Alltagsprobleme in den Griff zu bekommen. Diese eigenartige Wahrnehmungsstörung erschwert Ihnen oft eine vernünftige Zeitplanung. Arbeiten, die Sie als wichtig erachten, nehmen in Ihrer Vorstellung einen großen Raum ein und Sie gestehen ihnen ein großzügiges Zeitbudget zu. Jene Arbeiten hingegen, die sich häufig wiederholen oder die Ihnen unwichtig erscheinen, erledigen Sie in Ihrer Vorstellung im Handumdrehen. Allerdings verbringen Sie gerade in Ihrer Rolle als Familienmanagerin täglich Stunden mit genau diesen unterschätzten Routinetätigkeiten.
Protokollieren Sie ein paar Tage lang die immer wiederkehrenden Arbeiten in Ihrem Haushalt und staunen Sie, wie viel Zeit diese tatsächlich in Anspruch nehmen. Die Wäschepflege wird eben nicht zur Gänze von der Waschmaschine übernommen und die Milchvorräte füllen sich auch nicht von allein auf.

Klassische Methoden des Zeitmanagements
Am einfachsten ist es, wenn Sie einen **Kalender** für Ihre Tagespläne benutzen, der pro Tag eine Seite mit Uhrzeitangaben hat. Denken Sie daran, auch die Fixtermine der übrigen Familienmitglieder einzutragen, sodass Ihnen sofort

auffällt, wenn der Zahnarzttermin mit dem Fußballtraining oder der wöchentlichen Teambesprechung kollidiert. Notieren Sie, wen Sie anrufen wollen oder was Sie besorgen müssen. Zeiten für die Hausarbeit sollten Sie ebenso in Ihrem Kalender notieren. Achten Sie darauf, dass auch Termine für Entspannung und Vergnügen ausreichend Platz in Ihrer Planung erhalten.

Beispiel aus dem Alltag einer Mutter im Spagat:
Seit ich mir meine Walkingeinheiten schon im Zuge der Wochenplanung im Kalender eintrage, greife ich wirklich jeden Montag- und Freitagmorgen zu den Stöcken. Vorher habe ich nach dem Prinzip gelebt, Sport zu betreiben, wenn es sich gerade gut ergibt. Leider war dies dann nicht wirklich oft der Fall. Häufig kam etwas scheinbar Wichtigeres dazwischen, ich hatte keine Lust oder es hat geregnet. Das fixe Einplanen meiner sportlichen Aktivitäten hilft mir nun auch dabei, meine innere Schweinehündin zu überlisten.

Auch wenn Sie jetzt vielleicht schmunzeln müssen oder gar stöhnen: Es ist sehr wichtig, sich nicht zu viel für den Tag vorzunehmen. Eine Grundregel des Zeitmanagements besagt, dass Sie im familiären Alltag **nur 50 Prozent Ihrer Zeit verplanen** sollten. So schonen Sie Ihre Energiereserven und lassen Raum für Unvorhergesehenes. Denn auf eines können Sie sich verlassen: Das Unplanbare nimmt in jedem Leben beachtlichen Raum ein. Mit jedem neuen Familienmitglied steigt die Wahrscheinlichkeit für erstaunliche Zwischenfälle. Stress entsteht meist dadurch, dass wir unseren Tag zu voll gepackt haben und unzufrieden sind, wenn wir das, was wir uns vorgenommen haben, nicht erledigen konnten.

Planen Sie in Ihrem Tagesablauf auch regelmäßig kurze **Pausen** und Erholungsphasen ein, um neue Energie zu tanken.

Lehnen Sie sich in Ihre Leistungskurve! Finden Sie Ihren persönlichen Tagesrhythmus und planen Sie, wenn möglich, dementsprechend Ihre Aktivitäten. Erledigen Sie beispielsweise komplizierte und wichtige Dinge wie Ansuchen um Schulbeihilfe, die Reparatur des ferngesteuerten Autos oder die Steuererklärung während Ihres Leistungshochs. Füllen Sie im Gegenzug Ihr Leistungstief mit Routinearbeiten wie Wäscheaufhängen und entspannenden Tätigkeiten wie Memory Spielen. Die Kinder werden hoch erfreut sein über Ihre Unaufmerksamkeit. In jedem Fall gilt: Was Sie zum richtigen Zeitpunkt erledigen, wird Ihnen leichter von der Hand gehen.

Planen Sie – wie bereits beim Jagen der Zeitdiebe vorgeschlagen – ausreichend **Pufferzeiten** ein und nutzen Sie unfreiwillig entstandene Leerläufe. Plaudern Sie im Wartezimmer der Hautärztin mit Ihren Kindern oder träumen Sie im Stau von Ihrer neuen Balkonbepflanzung.

Nutzen Sie bewusst die **„stillen Stunden"**. Gehen Sie während jener Auszeiten, in denen Sie nicht als Mutter gefordert sind, allen Aufgaben und Interessen nach, die Ihre ungeteilte Aufmerksamkeit erfordern. Schreiben Sie einen wichtigen Brief, während die Kinder im Kindergarten sind oder lösen Sie in jener Zeit, in der Ihr Nachwuchs an den Hausaufgaben sitzt, ein kniffliges Rätsel. Wenn Sie wirklich Zeit für sich haben möchten, müssen Sie sich von der Vorstellung lösen, immer für alle verfügbar zu sein. Gehen Sie deshalb in den „stillen Stunden" weder ans Telefon noch an die Tür, wenn es läutet.

Gleiche Aufgaben wie Einkäufe, die zu erledigen sind, oder Anrufe, die getätigt werden müssen, können Sie in Rubriken zusammenfassen und mit Hilfe von **To-do-Listen** in Blöcken abarbeiten. Erstellen Sie beispielsweise eine Liste für Anrufe und eine andere für Einkäufe. So sparen Sie Zeit und Energie. Sie können, während die Kinder in der Schule sind, sämtliche Anrufe hintereinander erledigen – sofern Sie Ihre Gesprächspartner erreichen – und dann das Haus verlassen. Bei Einkäufen sparen Sie Wegzeiten, wenn Sie verschiedene Erledigungen miteinander verbinden.

Sie können auch die Tagesplanung mit Hilfe von To-do-Listen durchführen, indem Sie den Terminen und Aufgaben Zeitangaben zuordnen. Wichtig ist: To-do-Listen sollen eine Organisationshilfe sein, um Ihr knappes Zeitbudget mit Ihren zahlreichen Aktivitäten in Einklang zu bringen. Bemerken Sie, dass Sie sich von der Liste eingeengt oder kontrolliert fühlen, verzichten Sie darauf und wählen eine alternative Form des Zeitmanagements, die besser zu Ihnen passt.

Wichtig für ein erfolgreiches Zeitmanagement ist, dass Sie bewusst **Prioritäten setzen**. In der Hektik des Alltags wird oft nur das erledigt, was schreit, blinkt oder stinkt. Gönnen Sie sich stattdessen den Luxus, Ihre eigenen Prioritäten zu definieren, und handeln Sie danach. Vergeben Sie wie bei einem Strategiespiel Werteinheiten für verschiedene zu erledigende Arbeiten und entscheiden Sie auf dieser Basis, wie viel von Ihrer kostbaren Zeit Sie dafür verwenden möchten. Stellen Sie sich mehrmals täglich die Frage: *Was ist mir momentan besonders wichtig?* Aufgaben mit höchster Priorität erledigen Sie zuerst.

Halten Sie durch und bleiben Sie konsequent, denn neue Gewohnheiten brauchen einige Zeit, um sich einzuspielen.

In den ersten Wochen besteht die größte Gefahr für Rückfälle; nach mehreren Wochen erscheint Ihnen die neue Vorgangsweise erstmals so richtig vertraut.

4. Kreatives Zeitmanagement für Rechts-Denker

Worin Sie Ihre Zeit investieren und wie elegant Sie mit den Aufgaben des Alltags jonglieren, hat sehr viel damit zu tun, welcher Organisationstyp Sie sind. Die Erkenntnisse der Gehirnforschung besagen, dass manche Menschen eher von der linken Gehirnhälfte gesteuert werden, die für Zahlen, Fakten und Systematik zuständig ist. Bei anderen – vor allem auch bei Kindern – dominiert die rechte Gehirnhälfte, die sich mit Bildern, Gefühlen und spontanen Verknüpfungen beschäftigt. Diese Vorlieben Ihres Gehirns beeinflussen die Art und Weise, wie Sie Ihr Zeit- und Selbstmanagement zukünftig verbessern können.

Die meisten Methoden des traditionellen Zeitmanagements wurden von systematisch Denkenden entwickelt und funktionieren wunderbar bei linkshirnig dominanten Menschen, die Spaß an Listen und Routinen haben. Rechts-Denker hingegen verspüren häufig eine Abneigung gegenüber starren Vorgaben. Ihr Gehirn braucht einen kreativen und spielerischen Ansatz, um Zeit gewinnen zu können.

Wenn Sie zu den Rechts-Denkern gehören, widerspricht das klassische Zeitmanagement nicht nur Ihrem Naturell, sondern funktioniert meist auch gar nicht. Sie denken kreativ, assoziativ und vollkommen anders strukturiert als Links-Denker. Manchmal kritzeln Sie Ihre Ideen auf einen zerknitterten Kassenbon, der dann verloren geht. Ein gewisser organisatorischer Rahmen kann dafür sorgen, dass die Monatsabrechnung oder der Spruch für die Einladung zum Kindergeburtstag nicht versehentlich im Papiermüll landen.

Ein bewährtes ganzheitliches Hilfsmittel, das alle Sinne anspricht, ist das **Mind-Map**. Es erleichtert sowohl Chaoten als auch systematischen Menschen das Planen. Dabei werden Ideen, Gedankenketten und Stichwortsammlungen bildhaft in Form einer Baumkrone mit Haupt- und Seitenästen dargestellt.

Schreiben Sie dafür den Ausgangspunkt in die Mitte eines Blattes. Zum Beispiel: Kindergeburtstag. Ziehen Sie nun davon ausgehend für jeden Hauptgedanken einen Ast in eine Richtung: Einladungen, Spiele, Preise, Essen und so fort. Schreiben Sie nun zu jedem Ast Ihre Anmerkungen auf und ziehen eine Verbindungslinie, einen Zweig: Einladungsliste erstellen, Karten basteln, verschicken. Diesen Aktivitäten-Baum können Sie jederzeit weiter wachsen lassen.

Noch eine flexible Planungshilfe für kreative Geister ist die **Aktionswand**. Tragen Sie mit einem wasserfesten Stift ein Minimum an Struktur auf einer Tafel ein, beispielsweise Wochentage und feste Termine. Zusätzliche Termine wie Handballmatch, Kindertheater oder Vokabel-Wiederholung schreiben die Familienmitglieder auf Haftnotizzettel und kleben sie auf. Hat sich ein Termin erledigt, holen sie den Zettel wieder herunter.

Eine Art Kleinformat der Aktionswand ist der **Familienkalender**. Hängen Sie ihn am besten an einer zentralen Stelle in der Wohnung auf. Dort trägt jedes Familienmitglied seine Termine in eine eigene Spalte ein: Elternabend, Klavierstunde, Schularbeiten oder Dienstreisen. So können alle auf einen Blick sehen, was ansteht.

Auch einen simplen **Kalender** können Sie kreativ gestalten. Verwenden Sie farbige Stifte, persönliche Kürzel oder familieneigene Symbole. Versehen Sie die Termine mit verschiedenfarbigen Punkten: rot für berufliche Aktivitäten, gelb für Kinder-Bring- und Holdienste und grün für persönliches Vergnügen.

5. Beginnen Sie den Tag positiv!

Der Start am Morgen bestimmt oft unsere Laune für den ganzen Tag. Nichts ist schlimmer, als gleich am Beginn des Tages hetzen zu müssen, weil Sie zu wenig Zeit einkalkuliert haben. Stehen Sie so rechtzeitig auf, dass Sie alle anfallenden Aufgaben in Ruhe erledigen können. Brauchen Sie von Natur aus länger, um in die Gänge zu kommen, respektieren Sie diese Veranlagung und gönnen sich am Morgen ausreichend Zeit für ein sanftes Erwachen, ein gemütliches Frühstück (mit der Familie) und eine entspannte Körperpflege. Bereiten Sie abends vor dem Zubettgehen möglichst viel für den nächsten Tag vor: Legen Sie Ihre Kleidung bereit, packen Sie Ihre Tasche und decken den Frühstückstisch. Wecken Sie kleine Langschläfer besser früher, damit das Noch-Liegenbleiben und Trödeln nicht gleich in eine mittlere Katastrophe ausarten.

> *Übungsvorschlag: Ich verbessere mein Zeitmanagement*
>
> Nehmen Sie sich einen Augenblick Zeit und überlegen sich, ob Sie Ihr Zeitmanagement verändern möchten, und was Sie dabei als erstes in Angriff nehmen wollen. Haben Sie Ideen dazu gefunden, beginnen Sie am besten sofort mit der Umsetzung.

Kurz und knackig:
- Entwickeln Sie Ihre persönliche Zukunftsvision für große und kleine Ziele. Notieren Sie diese schriftlich: möglichst konkret und positiv formuliert.
- Erkennen Sie Ihre Zeitdiebe und machen sie dingfest.
- Messen Sie den Zeitbedarf Ihrer Alltagstätigkeiten und gewinnen so eine realistische Einschätzung Ihres Zeitbudgets.
- Schließen Sie Freundschaft mit Ihrer Hirnstruktur und nutzen jene Methoden des Zeitmanagements, die Ihrem Denkmuster entsprechen.
- Denken Sie daran: Acht Minuten Planungszeit für einen Arbeitstag können eine Stunde Zeitersparnis bedeuten.
- Investieren Sie Ihr Zeitgeschenk in Träumen, Kuscheln und Spazierengehen – aber bitte nicht in die Erledigung zusätzlicher Pflichten.

III. Doppelbelastung:
Den Spagat zwischen Beruf und Familie meistern

Viele Mütter wünschen sich, Kinder und Beruf miteinander verbinden zu können. Selbst wenn dieser Balanceakt nicht immer einfach ist und den Müttern sehr viel abverlangt, so kann die Kombination von Beruf und Familie auch viele **Vorteile** mit sich bringen. Studien[3] belegen, dass berufstätige Mütter gesünder, psychisch stabiler und mit ihrem Leben zufriedener sind als nicht erwerbstätige. Klar strengt die Doppelbelastung an, trotzdem profitieren berufstätige Mütter sowohl vom Job als auch von der Familie.

Die **Vielfalt ausgefüllter Rollen** übt auf Menschen sogar eine **Schutzfunktion** aus: Läuft es einmal in einem Bereich nicht so gut, geben Erfolgserlebnisse im anderen neue Kraft. Berufstätige Mütter stecken häuslichen Ärger und elterliche Sorgen besser weg, wenn sie sich im Beruf als kompetent und erfolgreich erfahren können. Viele empfinden es als Entlastung, bei ihrer Arbeit die Mutterrolle verlassen zu können und etwas gänzlich Anderes zu erleben. Dadurch verändert sich auch ihre Perspektive auf private Probleme. Die beruflichen Erfahrungen schaffen ein wenig **Distanz** und relativieren den Stress zuhause.

Aus der Berufstätigkeit können Mütter nicht nur Kraft schöpfen, sondern sie bekommen neben einem Lohnzettel auch **Lob und Anerkennung**. Dadurch wird ihr Selbstwertgefühl gestärkt, wovon sie in kritischen familiären Situ-

---

[3] R. Richter, R. L. Bergmann, K. E. Bergmann, J. W. Dudenhausen: Berufstätigkeit und Lebensqualität von Müttern zwei Jahre nach der Geburt des ersten Kindes, Gesundheitswesen 2007; 69(8/09): 448–456.
R.C. Barnett, J. S. Hyde: Women, Men, Work, and Family – An expansionist theory, AM PSYCHOL, 56(10), 2001, pp. 781–796.

ationen zehren können. Eine negative Mathematik-Schularbeit, Stimmbänder-Belastungstests im Gespräch mit Pubertierenden oder Krisen im Kindergarten erhalten ein positives Gegengewicht – sofern es im Job gerade gut läuft. Auch die **Beziehung zum Partner** profitiert davon, wenn Mann *und* Frau berufstätig sind. Bleibt die Frau nach der Geburt lange Zeit zuhause, wird die Kluft zwischen ihrer Welt und der Welt ihres Mannes stetig größer. Oft leidet dann das Verständnis füreinander und die Fähigkeit, die Sorgen des anderen nachzuvollziehen, kommt abhanden. Gemeinsam mit den Teilnehmerinnen meiner Seminare habe ich Vorteile des Spagats zwischen Beruf und Familie gesammelt:

Was Mütter am Spagat zwischen Familie und Beruf zu schätzen wissen:
Er erweitert den Horizont. Er bringt auf andere Gedanken und gibt ein gutes Gefühl. Job und Familie zu vereinbaren schafft Zufriedenheit. Das Leben ist dadurch runder und erfüllter. Es macht Spaß, auf zwei Beinen zu stehen. Der Job bringt Struktur in das Familienleben. Ich kann mehrere Facetten meiner Persönlichkeit ausleben. Es kommt keine Langeweile auf. Es droht keine Gefahr des beruflichen Stillstands. Der Job bietet geistige Herausforderungen. Ein rascher Wiedereinstieg erhöht die beruflichen Chancen. Familie und Beruf miteinander in Einklang zu bringen weckt die Fähigkeit, Prioritäten zu setzen. In beiden Bereichen tätig zu sein bereichert das Leben. Das Switchen zwischen Familie und Beruf bringt Abwechslung. Wer Kinder und Job koordinieren kann, erlernt viele Kompetenzen und wird generell belastbarer. Familie und Beruf bedeutet doppelte Befriedigung – Erfolgserlebnisse sind in beiden Bereichen möglich. Es macht mich stolz, in Fami-

lie und Beruf meine Frau zu stehen, und es bringt mir die Wertschätzung anderer Menschen. Der Spagat zwischen den beiden Lebensbereichen verschafft mir Anerkennung, ist aber auch eine wichtige Form der Selbstbestätigung. Zu meiner Selbstverwirklichung gehören Beruf und Familie. Mein Selbstbewusstsein steht auf zwei Füßen, knickt einer ein, hält mich immer noch der andere aufrecht. Der Wiedereinstieg hat mein Leben erweitert und mir wieder mehr soziale Kontakte gebracht. Ich schätze am Spagat meine finanzielle Unabhängigkeit. Sowohl im Job als auch am Spielplatz erweitere ich mein soziales Netzwerk. Dadurch, dass ich wieder Geld verdiene, geht es uns finanziell gut. Durch meine Berufstätigkeit werden meine Kinder selbständiger. In unserer Familie leben wir den Kindern moderne Rollenbilder vor. Ich sehe mich als Vorbild für meine Töchter. Ich fühle mich durch meine Berufstätigkeit unabhängiger. Meine Kinder sind stolz auf meine beruflichen Erfolge.

Natürlich ist es nicht einfach, sowohl den Anforderungen im Beruf als auch den familiären Bedürfnissen und Wünschen gerecht zu werden – ein wenig Dehnungsschmerz werden Sie bei diesem Spagat immer verspüren. Die Übungen und Anregungen in diesem Buch sollen Ihnen jedoch dabei helfen, selbst in akuten Stresssituationen handlungsfähig zu bleiben und immer wieder die positiven Seiten Ihrer Lebensform im Blick zu behalten. Ein Balanceakt wird das Vereinbaren von Familie und Beruf allerdings immer bleiben.

1. Kurzfristige Möglichkeiten des Stressmanagements: Der Sprint zwischen Kind und Karriere

Damit Sie in einer stressigen Situation, wenn es kaum möglich scheint, Job und Kind unter einen Hut zu bringen, einen kühlen Kopf bewahren und eine Eskalation verhindern können:

Versuchen Sie, aufgestauten **Ärger kontrolliert abzureagieren**, indem Sie – anstatt Ihren Bürofrust an Ihrem Kind auszulassen – Kaugummi kauen, in ein Kissen schreien, im Treppenhaus rauf und runter laufen oder einen Stressball kneten.

Trainieren Sie, sich **abzulenken**, wenn Ihre pubertierende Tochter zum hundertsten Mal mit ihrer schlechten Laune die Stimmung in der Familie trübt. Das funktioniert, indem Sie an etwas Schönes denken – zum Beispiel an Ihren letzten Urlaub. Tauchen Sie mit allen Sinnen in die Situation ein: Spüren Sie die Wärme der Sonne auf Ihrer Haut, riechen das frisch gemähte Gras oder hören das Meer rauschen.

Finden Sie für sich ein möglichst einfaches **Ritual**, das Sie selbst in einer bereits aufgeladenen Situation beruhigt: Schauen Sie aus dem Fenster, zählen bis 30, trinken langsam und bewusst ein Glas Wasser oder atmen tief in den Bauch ein.

Beispiel aus dem Alltag einer Mutter im Spagat:
Barbara übersteht die Streitigkeiten zwischen ihren Söhnen am besten, indem Sie sich, wenn die Situation wieder einmal eskaliert, einen Schutzmantel vorstellt, der sie umgibt und alles Negative von ihr fernhält. Dadurch verschafft sie sich ein bisschen Distanz und kann, wenn die beiden Streithähne sich

wieder gefasst haben, in Ruhe mit ihnen über die Situation sprechen.

Zur Selbstablenkung in diversen Krisensituationen hat sich auch folgende **Entärgertechnik** bewährt: Konzentrieren Sie sich zuerst auf fünf Dinge, die Sie in diesem Moment wahrnehmen. Was hören, sehen oder spüren Sie? Anschließend fokussieren Sie Ihre Gedanken auf vier Dinge, die Sie gerade wahrnehmen – es können auch die gleichen sein. In den folgenden Schritten wählen Sie drei, zwei und schließlich nur mehr einen aktuellen Sinneseindruck aus und konzentrieren sich darauf. Abschließend atmen Sie kurz tief durch. Mit ein bisschen Glück haben Sie durch diese Übung Abstand zum Auslöser Ihres Ärgers gewonnen.

Wechseln Sie, wenn Sie sich plötzlich mit einer Stresssituation konfrontiert sehen, beispielsweise wenn Ihr Kind nach einem anstrengenden Arbeitstag einen Trotzanfall bekommt, im wahrsten Sinne in die **Vogelperspektive**. Steigen Sie auf einen Stuhl! Von oben betrachtet sieht die Lage ganz anders aus – weiter entfernt und leichter kontrollierbar. Vielleicht reagiert Ihr Kind auch verblüfft und stellt sein ohrenbetäubendes Gebrüll schlagartig ein.

Wenn Sie der Spagat zwischen Teamsitzung und Laternenfest zu zerreißen droht, führen Sie **positive Selbstgespräche** und ermuntern sich mit kleinen Mantras wie zum Beispiel: *Ruhig bleiben, Ich schaffe das* oder *Ich habe schon schlimmere Situationen gemeistert.*

Manchmal hilft es auch, einfach eine Nacht über etwas, das einen sehr beschäftigt, zu **schlafen**. Am nächsten Tag sind Sie wieder ruhiger und die Welt sieht schon ein wenig anders aus.

Sie können auch **Entspannungsübungen** aus dem Anhang wählen, die Ihnen sympathisch sind und die zu Ihren Lebensumständen passen. Praktizieren Sie diese, sobald Sie den Dehnungsschmerz des Spagats wahrnehmen.

Probieren Sie mehrere Strategien zur Entspannung und emotionalen Entlastung aus. Die für Sie besten schreiben Sie auf einen **Erste-Hilfe-Zettel** und hängen diesen an einen zentralen Ort. So sorgen Sie dafür, dass Ihnen auch in Extremsituationen eine passende Reaktion einfällt.

2. Langfristige Möglichkeiten des Stressmanagements: Bei Kilometer 10,2 im Stress-Marathon

Plötzlich auftretende Überlastungsmomente erfordern andere Bewältigungsstrategien als eine lang andauernde Belastung. Wenn Sie über einen längeren Zeitraum das Gefühl befällt, im Job nicht Ihr Bestes geben zu können und als Mutter zu versagen, versuchen Sie, Ihre derzeitige Lebensführung zu überdenken. Um Ihr Arbeitspensum zu minimieren, nutzen Sie bitte die in den Kapiteln II und IV vorgestellten Techniken des Zeit- und Haushaltsmanagements. Um Ihre familiären Beziehungen zu vereinfachen und besser auf die eigenen Bedürfnisse zu achten, verwenden Sie bitte die Empfehlungen in den Kapiteln V und VII zum Familien- und Selbstmanagement. Darüber hinaus können Ihnen möglicherweise die folgenden Anregungen helfen:

Wesentlich ist, dass Sie **hinter Ihrer Entscheidung** zur Berufstätigkeit **stehen**. *Eine gute Mutter ist eine Mutter, der es gut geht* – egal ob sie berufstätig ist oder Ihre ganze Zeit der Familie widmet. Deshalb treffen in erster Linie Sie selbst die Entscheidung über Zeitpunkt und Ausmaß Ihres beruflichen Wiedereinstiegs. Versichern Sie sich der Unterstützung durch Ihren Partner und halten sich in Ihrem sozialen Umfeld möglichst an Menschen, die Ihrer Berufstätigkeit gegenüber positiv eingestellt sind.

Wichtige Grundvoraussetzungen für einen schmerzfreien Spagat sind eine **qualitativ hochwertige Kinderbetreuung** sowie ein gut funktionierendes soziales Netzwerk aus Großeltern, Nachbarn und Freunden, das Sie unterstützt.

Gestehen Sie sich bewusst zu, nicht rund um die Uhr für Ihre Kinder da zu sein. Der Begriff der „Rabenmutter" existiert in anderen Sprachen lediglich als Bezeichnung für den weiblichen Vogelelternteil – ohne verurteilende Nebenbedeutung. Kinder schätzen bei der Wahl ihrer Betreuungspersonen durchaus ein wenig Abwechslung und Sie packen nach neuen, motivierenden Erlebnissen in Ihrem Erwachsenenleben den Alltag wieder mit mehr Energie an. **Verabschieden Sie sich von Ihrem schlechten Gewissen** und versuchen stattdessen, sich auf die positiven Aspekte der Balance zwischen Beruf und Kind zu konzentrieren.

Haben Sie **Mut zur Unvollkommenheit** und vermitteln Sie diesen auch Ihren Kindern. Es ist völlig ausreichend, wenn Sie gut genug sind. Denn eine Mutter, die alles richtig macht, wäre ihren Kindern kein gutes Vorbild. Wie sollten sie dann lernen, mit ihren eigenen Fehlern umzugehen? Lernen Sie, damit zu leben, es nicht immer allen recht machen zu können und auch nicht alles selber zu erledigen! **Lassen Sie sich helfen**: Vom Partner, den Kindern, der Oma oder von Nachbarn. Achten Sie dabei auf das Selbstbestimmungsrecht der mithelfenden Personen.

Lassen Sie sich bei wichtigen Entscheidungen, die Kinder betreffend, nicht von der Informationsflut ertränken. **Verlassen Sie sich auf Ihr Bauchgefühl**: Sie sind die Expertin für Ihr Kind! Wann es Zeit ist, den Schnuller abzugeben und wie viel Fernsehzeit Sie Ihren Großen zugestehen, entscheiden Sie als Eltern.

Haben Sie das Glück, in einer **gleichberechtigten Partnerschaft** zu leben, bei der sich Mann und Frau die anfallenden Aufgaben im häuslichen und familiären Bereich gleichermaßen aufteilen, nutzen Sie diesen Bonus. Hängt Ihr Mann noch einem traditionellen Rollenbild an, heißt das trotzdem noch lange nicht, dass Sie Hausarbeit, Kindererziehung und die Pflege des Gartens ganz alleine bewältigen müssen. Engagieren Sie – nach Maßgabe Ihrer finanziellen Verhältnisse – eine Putzhilfe, Bügelfrau oder einen Gärtner. Eine kanadische Studie[4] zeigt allerdings, dass Männer, die im Haushalt mithelfen, auch glücklichere Ehen führen. Lassen Sie das Ihren Partner ruhig wissen…

Tauschen Sie sich mit anderen berufstätigen Müttern aus. Sie werden erkennen, dass Sie mit Ihren Sorgen und Ängsten nicht alleine sind. Vermeiden Sie dabei aber, sich ständig mit anderen zu vergleichen. Jedes Kind ist anders – wie Sie sicher wissen, wenn Sie mehr als eines haben – und jede Mutter auch. Jede lebt in einer anderen Lebenswirklichkeit, mit anderen Herausforderungen, Bewältigungsstrategien und geleitet von individuellen Werten.

Versuchen Sie, sich während der Arbeitszeit voll und ganz auf den Job zu **konzentrieren**. Verbringen Sie hingegen gerade Zeit mit Ihrer Familie, stellen Sie sich gedanklich und emotional bewusst auf diese ein.

Beenden Sie Ihren Arbeitstag mit einer bewussten Handlung oder einem kleinen **Ritual**: Versperren Sie den Kasten und sagen Sie *Schluss* oder *Feierabend* zu sich selbst. Sorgen

---

[4] R. Beaujot, Z. Ravanera, J. Liu: Models of Earning and Caring: Determinants of the Division of Work, 2009, Canadian Review of Sociology 46(4): 319–337.

Sie vorher für Ordnung, lassen Ihren Arbeitstag nochmals Revue passieren und überlegen, was am nächsten Tag ansteht.

Nehmen Sie sich, wenn möglich, **keine Arbeit mit nach Hause**, sondern bleiben Sie notfalls lieber länger im Büro. Wenn es sich irgendwie einrichten lässt: Gönnen Sie sich vor dem Abholen Ihrer Kinder aus der Betreuung eine kleine **Auszeit**, in der Sie sich ausschließlich um Ihre eigenen Bedürfnisse kümmern. Gehen Sie kurz im Park spazieren oder treiben Sie eine Dreiviertelstunde Sport in einem Fitnesscenter. Oft reicht es schon, die Strecke zwischen Arbeitsplatz und Kindergarten zu Fuß zurückzulegen, um den Arbeitstag hinter sich zu lassen. Wenn Sie erschöpft und schlecht gelaunt im Kindergarten ankommen, spüren Ihre Kinder das sofort und reagieren ihrerseits mit Missstimmung.

Das erste, was Sie anschließend tun sollten, ist, sich **für das Kind Zeit** zu **nehmen**, damit Sie einander wieder näher kommen und Sie Ihr Kind in seiner Welt abholen können. Viele Kinder verspüren, sobald sie die Welt der Gruppenregeln in Kindergarten oder Schule verlassen, einen enormen Bewegungsdrang. Lassen Sie Ihr Kind laufen, laut rufen und sich austoben. Danach respektiert es mit großer Wahrscheinlichkeit auch Ihr Ruhebedürfnis. Versuchen Sie, im Anschluss an die Kinderbetreuung nicht zu viel mit Ihrem Kind zu unternehmen. Kleine, unspektakuläre Alltagsrituale wie Vorlesen, Baden oder gemeinsam Kochen helfen Müttern wie Kindern beim Entspannen und sind auch dann noch machbar, wenn Sie sich schon ziemlich ausgelaugt fühlen.

Plagen sich Ihre Kinder recht beim Einschlafen oder ziehen sich immer noch nicht selbständig an, denken Sie daran, dass

viele Schwierigkeiten im Kinderleben nur **Phasen** sind, die wieder verschwinden. Diese Einstellung erweist sich auch in Zeiten pubertärer Wirrungen als hilfreich. Versuchen Sie trotz möglicher unangenehmer Begleiterscheinungen sämtliche Abschnitte im Leben mit Ihrem Kind zu genießen.
Bei allem, was Sie sich vornehmen, um den Spagat zwischen Familie und Beruf besser zu meistern: Geben Sie sich und Ihrer Familie ausreichend **Zeit**, damit Sie sich an die neue Situation gewöhnen.
Akzeptieren Sie Überlastung nur als vorübergehenden Zustand und ziehen Sie bei länger andauernden Phasen die Notbremse.

Denken Sie daran: Um Familie und Beruf optimal vereinbaren zu können, braucht es **gute Rahmenbedingungen und zahlreiche Gleichgesinnte**. PolitikerInnen, die flexible, qualitativ hochwertige Kinderbetreuungsplätze errichten. Eine familienbewusste Personalpolitik im Unternehmen, die auch variable Arbeitszeitmodelle umfasst. PädagogInnen, die auf berufstätige Eltern Rücksicht nehmen. Verwandte, die Ihr Engagement im Job unterstützen und keine spitzen Bemerkungen dazu machen.
Sie übernehmen lediglich die Verantwortung für das, was Sie persönlich beeinflussen können. Entsprechen die Rahmenbedingungen nicht Ihren Bedürfnissen, liegt das nicht nur an Ihnen. Setzen Sie sich trotzdem für eine Verbesserung ein: Gibt es in Ihrer Gemeinde kein ausreichendes Kinderbetreuungsangebot, besuchen Sie den Bürgermeister oder die Stadträtin für Jugend und Soziales. Bringen Sie Ihr Anliegen höflich, aber bestimmt vor – und lösen damit vielleicht nicht nur Ihr eigenes Problem, sondern ebnen ein Stück des Weges für weitere Familien.

Beispiel aus dem Alltag einer Mutter im Spagat:
Krisenzeiten sind Teil eines ganz normalen Lebens. Wenn ein Familienmitglied krank wird, die schulischen Anforderungen gerade ein Höchstmaß erreichen oder bei der Arbeit ein Abgabetermin bevorsteht. Mir hilft es in diesen Momenten, mich auf das Wesentliche zu konzentrieren. Dann überlege ich: Was muss unbedingt erledigt werden und was kann ich mir für die Zeit der Ruhe nach dem Sturm aufbehalten? In den heißen Phasen lasse ich auch bei Themen, die mir sonst sehr wichtig sind, mal alle fünfe grade sein: Statt frisch Gekochtem gibt es dann auch mal ein Fertiggericht oder ich bestelle ein Geburtstagsgeschenk übers Internet und nicht beim Buchhändler vor Ort.

Ich habe die Teilnehmerinnen meiner Seminare auch gefragt, was zum Gelingen des Spagats zwischen Beruf und Familie beitragen kann:

Tipps von Müttern, wie der Spagat gelingen kann:
Der Spagat kann gelingen, wenn man wirklich beides will: Familie und Beruf. Am besten geht es jenen berufstätigen Müttern, deren ganze Familie diese Entscheidung mitträgt. Helfen Partner und Kinder mit, ist vieles möglich. Wer über ein gutes Netzwerk verfügt, schafft Familie und Beruf. Eine wichtige Voraussetzung ist, Vertrauen in die Tagesmutter oder Kindergartenpädagogin zu haben: Nur wer sein Kind in guten Händen weiß, hat den Kopf frei für die Arbeit. Ein Königreich für eine aktive Oma! Bin ich gesund, nicht allzu sehr unter Zeitdruck und habe gerade Spaß bei der Arbeit, fühle ich mich total wohl in meiner Rolle als berufstätige Mutter. Ich finde es wichtig, dass ich mich zwischendurch bewusst dafür belohne, was ich alles leiste. Um Beruf und Familie unter einen Hut zu

bringen, muss man delegieren können. Nur wer sich auch Auszeiten nimmt, hält die Doppelbelastung aus. Ich habe erst als berufstätige Mutter wirklich gelernt, Hilfe anzunehmen. Der Wiedereinstieg in den Job war gleichzeitig mein Abschied vom Perfektionismus. Ich halte es für total wichtig, als arbeitende Mutter kein schlechtes Gewissen zu haben. Wer in der Familie und im Job zufrieden sein möchte, muss lernen, nein *zu sagen. Der Spagat kann dann gelingen, wenn man es sich selbst erlaubt, Aufgaben auch einmal unerledigt zu lassen. Ohne Disziplin und Konsequenz geht es nicht. Mir helfen Zeitpläne, um den Überblick bewahren zu können und bewusst Prioritäten zu setzen. Ich muss alle Fäden in der Hand haben, um die beiden Bereiche meines Lebens besser miteinander koordinieren zu können. Seit ich gelernt habe, meine Belastbarkeitsgrenze wahrzunehmen und zu akzeptieren, geht es mir total gut als berufstätige Mutter. Solange nichts Unvorhergesehenes passiert, fühle ich mich als Herrin der Lage. Meine Haushaltshilfe war der Schlüssel zum Tor der Zufriedenheit. Ich musste einfach lernen, mich auf das Wesentliche zu konzentrieren.*

Soweit die Ratschläge der Mütter. Und was benötigen Sie persönlich, um den Spagat zwischen Beruf und Familie zu schaffen?

> *Übungsvorschlag: Ich reflektiere meinen Spagat*
>
> *Welche kurz- oder langfristigen Möglichkeiten des Stressmanagements können mir meinen Spagat erleichtern?*
> Welche gewonnenen Ideen könnten Sie am besten gleich in den nächsten Tagen umsetzen?

Kurz und knackig:
- Auch Ihr Tag hat nur 24 Stunden. Wollen Sie Familienleben und Berufstätigkeit in Einklang bringen, verabschieden Sie sich von Ihren Perfektionsansprüchen. Und zwar in beiden Bereichen.
- Übernehmen Sie nur Verantwortung für Verhältnisse, die Sie selbst beeinflussen können: Auch die Politik ist gefordert, passende Rahmenbedingungen zu schaffen.
- Konzentrieren Sie sich auf menschliche Bedürfnisse: Was braucht Ihr Kind nach einem Kindergartentag und was brauchen Sie nach einem Arbeitstag, um zur Ruhe zu finden.
- Erlernen Sie Techniken, um sowohl in akuten Stresssituationen als auch in lang andauernden Phasen der Belastung im Gleichgewicht zu bleiben.
- Welche neue Strategie zur besseren Vereinbarkeit von Job und Kind Sie auch ausprobieren: Geben Sie sich und Ihrer Familie ausreichend Zeit zum Umgewöhnen.

IV. Wäscheberg und Staublurch: Den Haushalt in den Griff bekommen

Organisation im Haushalt erleichtert Ihnen die Arbeit. Wohl durchdachte, eingespielte Arbeitsabläufe schonen Ihre Kräfte und sparen Zeit für Dinge, die Ihnen wirklich wichtig sind.

1. 33 Tipps für einen optimierten Haushalt

Egal ob Sie putzen, die Wäsche erledigen oder Ihre Zettelwirtschaft verwalten: Ein bisschen Organisation und Know-how senkt den Arbeitsaufwand und hebt Ihre Laune.

Putzen

1. Betrachten Sie die Arbeiten in Ihrem Haushalt einmal wie ein Profi und verschaffen sich aus der Distanz einen Überblick. Welche Tätigkeiten fallen monatlich, wöchentlich und welche täglich an? Erstellen Sie einen **schriftlichen Plan** über alle zu erledigenden Arbeiten. Feste Pläne führen dazu, dass sich eine gewisse Automatisierung einstellt. Überlegen Sie sich dabei auch, wo Sie Prioritäten setzen möchten.
2. Versuchen Sie, **eine Woche** lang Ihr Heim und die damit verbundene **Hausarbeit so locker wie möglich** zu nehmen. Überlegen Sie bei allen Arbeitsschritten, die Sie im Haushalt erledigen, ob diese wirklich nötig sind. Welche davon könnten Sie probeweise einmal reduzieren, um Ihnen den Alltag zu erleichtern? Beziehen Sie die Betten nur mehr halb so oft frisch, putzen die Fenster ausschließlich in dazu geeigneten Jahreszeiten und wischen die Böden, außer in der Küche, nur mehr alle zwei Wochen auf.

3. Schaffen Sie eine durchdachte **Grundordnung**. Sie ist eine wichtige Voraussetzung für schnelles Putzen. Zu dieser Grundordnung gehören vielfältige Aufbewahrungsmöglichkeiten – Spielzeugkiste, Zeitschriftenablage und ein Schlüsselbrett mit einem Platz für jedes Familienmitglied –, wenige Teppiche sowie die Vermeidung freiliegender Kabel.
4. Ziehen Sie zum Putzen bequeme Kleidung an. Legen Sie sich eine **flotte Musik** auf und bauen beim Aufräumen oder Staubsaugen Tanzbewegungen ein. Vielleicht wählen Sie auch eine Musik aus, deren Text Sie auswendig kennen – Mitsingen macht gute Laune!
5. Gönnen Sie sich eine **hochwertige Ausrüstung**. Hightech-Bodenwischer, sorgsam ausgewählte Putzmittel und hochwertige Putzlappen garantieren Ihnen gute Ergebnisse und sparen viel Zeit, weil sie nicht so schnell zerbrechen, Schlieren ziehen oder fusseln.
6. Räumen Sie **alle Putzutensilien in eine Klappkiste**, die Sie mit einem Handgriff von Raum zu Raum mitnehmen können.
7. Sparen Sie Lebenszeit, indem Sie **bewusster konsumieren**. Technische Hilfsmittel wie Geschirrspüler oder Waschmaschine verführen leicht dazu, allzu großzügig Geschirr zu verwenden und die Kleider zu wechseln. Überlegen Sie daher, ob Duschhandtuch oder Glas auch mehrfach benützt werden können. Wenn Sie weniger verbrauchen, müssen Sie nicht so oft waschen, falten und wegräumen.
8. **Lassen Sie sich helfen** und gönnen sich, wenn möglich, auch einmal professionelle Fensterputzer, Bügelhilfen oder eine Putzfrau. Allein das Bewusstsein, nicht

jeden Schmutz selbst beseitigen zu müssen, hat etwas sehr Tröstliches an sich.

Waschen
9. Waschen Sie nur, was die Familie in die **Wäschetonne** gibt. Wer Socken, T-Shirts oder Turngewand herumliegen lässt, bekommt einfach keinen frischen Nachschub. Gewöhnen Sie Ihre Kinder so früh wie möglich an das selbständige Einräumen der Wäsche in den Schrank.
10. **Hängen Sie die Wäsche nach dem Waschen ordentlich auf** – das erspart bei vielen Shirts, Handtüchern oder Hosen das Bügeln.
11. **Falten Sie die Wäsche nach dem Trocknen sofort** und räumen sie weg. So verschwenden Sie keine Zeit damit, sich durch einen großen Wäschestapel zu wühlen.

Beispiel aus dem Alltag einer Mutter im Spagat:
Gerlinde hat ihr Wäsche-Management durch die Einführung zweier fester Waschtage optimiert. An diesen erledigt sie die gesamte angefallene Wäsche, sortiert nach Weißwäsche, Buntwäsche und 60-Grad-Wäsche. So läuft die Waschmaschine stets gut befüllt – immerhin ein regelmäßiger Beitrag zum Umweltschutz. Auch steht nicht die ganze Woche über ein Wäscheständer herum. Die Bügelarbeit erledigt Gerlinde an einem fixen Abend. Das Wichtigste ist für sie aber, dass sie während der übrigen Tage keinen einzigen Gedanken an die Wäsche verschwendet.

Kochen
12. Legen Sie für jede Woche einen **Speiseplan** fest. So entfällt die lästige und zeitraubende Frage: *Was koche ich heute?* Kinder lieben es, schon beim Frühstück zu wissen, was es zu Mittag zu essen geben wird.

13. **Beziehen Sie Ihre Kinder beim Kochen mit ein**, und zwar nicht nur für Hilfsarbeiten wie Tischdecken oder um eine frische Packung Nudeln zu holen. Lassen Sie sie auch Teig kneten, Laibchen formen und Torten dekorieren. So verbringen Sie qualitätsvolle Zeit miteinander und Ihre Kinder freuen sich, etwas vollbracht zu haben. So ganz nebenbei lernen sie auch Kochen.
14. **Kochen Sie am Wochenende größere Portionen** und frieren den Rest der Spaghettisauce oder des Eintopfs ein – für Tage, an denen nur wenig Zeit zum Kochen bleibt.
15. Führen Sie zur besseren Orientierung eine Liste mit all den Lebensmitteln, die Sie in Ihrer **Tiefkühltruhe** lagern. Notieren Sie dazu auch die Portionsgröße und das Datum des Einfrierens.

Einkaufen
16. Sobald Ihr Speiseplan feststeht, erstellen Sie eine **Einkaufsliste**, auf der Sie alle Lebensmittel notieren, die Sie für die jeweiligen Mahlzeiten benötigen. Mit dieser Liste machen Sie dann *einen* Großeinkauf in der Woche und besorgen ohne viel Zeitaufwand gelegentlich noch Milch oder frisches Brot und Gemüse.
17. Schreiben Sie die einzelnen Posten Ihrer Einkaufsliste in der Reihenfolge auf, in der Sie sie im Supermarkt finden oder in der Stadt besorgen. Lassen Sie Ihre Kinder bei harmlosen Entscheidungen mitbestimmen: Nehmen wir Birnen oder Äpfel? Welches Müsli lagern wir ein? Stellen Sie die **Regel** auf, dass **keine Süßigkeiten an der Supermarktkassa** ausgesucht werden dürfen und halten sich dann konsequent daran.

18. Lassen Sie sich Mineralwasser, Apfelsaft und Co vom **Getränkehandel** liefern. Damit ersparen Sie sich das Schleppen der schweren Kisten. Viele Artikel des täglichen Bedarfs können Sie mittlerweile bequem übers Internet bestellen und bekommen sie kostenlos oder um einen leistbaren Betrag zugestellt. Das lohnt sich zum Beispiel bei Windelgroßpackungen oder einer Kiste mit Äpfeln.
19. Tappen Sie nicht in die **Schnäppchen-Falle!** Der Supermarkt hat Kinderstiefel im Angebot, das Möbelhaus feiert Weiße Wochen – die Verlockung ist groß. Kaufen Sie trotzdem nur, was Sie wirklich benötigen. Führt Sie die Schnäppchenjagd in weiter entfernte Geschäfte, bedenken Sie vorab den Zeitaufwand und die zusätzlichen Kosten für die Anreise. Möglicherweise zahlen Sie sonst für die superbilligen Kinderstiefel oder die preisreduzierte Bettwäsche mehr als im Laden nebenan.
20. **Kaufen Sie** bei Zeitmangel **lieber im kleineren Supermarkt ums Eck** ein. Da sind die Wege kürzer und Sie werden nicht durch übermäßige Auswahl abgelenkt.
21. Schreiben Sie sich sofort auf, wenn Sie Dinge des täglichen Bedarfs **nachkaufen** müssen – egal ob Reis, Bleistifte oder Toilettenpapier.

Timen mit dem Küchenwecker

22. Wenn Sie sich zu einer ungeliebten Arbeitsaufgabe nur schwer aufraffen können, dann schließen Sie mit sich selbst ein **Abkommen** und stellen sich den Küchenwecker: Mindestens 15 Minuten lang müssen Sie den Kühlschrank putzen oder den Kleiderkasten ausmisten. Sie werden sehen: In den meisten Fällen arbeiten Sie

nach der Viertelstunde weiter und bringen die ungeliebte Tätigkeit auch zu Ende.
23. Wenn Sie befürchten, mit Ihrer besten Freundin oder Ihrem einsamen Bruder wieder einmal zu lange zu telefonieren, setzen Sie sich mit dem Küchenwecker ein **Zeitlimit**.
24. Haben Sie mehrere Kinder, die alle zugleich etwas von Ihnen wollen, teilen Sie Ihre Zeit mit dem Küchenwecker ein. Jedes Kind darf fünf Minuten von seinem Tag erzählen, ohne von den Geschwistern unterbrochen zu werden. Oder Sie widmen sich jeweils eine halbe Stunde den verschiedenen Halloweenkostümen. Durch das Klingeln des Weckers wissen die Kinder, wann sie an der Reihe sind und dass die **Zeit gerecht verteilt** wurde. So vermeiden Sie Streitereien.
25. Kleinen Kindern kann der Küchenwecker **beim Warten helfen**. Wenn Sie versprechen, in zehn Minuten eine Geschichte vorzulesen und dann den Wecker stellen, wird die Zeit für Kinder überschaubarer.

Papierkram & Co
26. Gestalten Sie eine **Pinnwand** mit den wichtigsten Telefonnummern und aktuellen Listen. So haben Sie die Nummer der Kinderärztin oder der Sperrmüllsammlung stets griffbereit und behalten einen Überblick über Ihre Einkaufs- und To-do-Listen.
27. Legen Sie einen **Haushaltsordner** an, in dem Sie alles abheften, was wichtig ist und worauf Sie schnell zugreifen möchten: Sämtliche Gebrauchsanweisungen, die Wartungstermine für die Heizung und die Servicenummer der Hausverwaltung.

28. Stellen Sie einen **Eingangskorb für die Post** auf, damit sie nicht verloren geht. Sobald die Kinder größer sind, bekommen sie einen eigenen.
29. Ordnen Sie **Papierberge mit Hilfe von bunten Hängemappen**. Gelb für alles, was mit den Kindern zu tun hat, rot für Papiere, die den Haushalt betreffen, grün für Zeitungsausschnitte. Misten Sie die Mappen monatlich aus.
30. **Versüßen Sie sich unangenehme Arbeiten** mit einer anschließenden Belohnung wie einer Tasse Milchkaffee oder einem Kinobesuch.
31. Legen Sie sich einen **Alleswisser-Karteikasten** an. Dieser enthält ein Adressenregister, den Geburtstagskalender, Notfallsnummern, Menüvorschläge für den Alltag und für Feste sowie die Öffnungszeiten der Schusterwerkstatt oder Zahnarztordination.
32. **Sammeln Sie in einer Kiste mögliche Geschenke** für künftige Gastgeber oder Geburtstagskinder. Das spart viel Zeit und Nerven.
33. Um Chaos in der **Garderobe** zu vermeiden, weisen Sie jedem Familienmitglied eine eigene Kiste für Mützen, Schals und Fahrradhelm zu.

Beispiel aus dem Alltag einer Mutter im Spagat:
Lotte trifft sich einmal im Monat mit einer Freundin, um beim Kaffeeplausch gemeinsam zerrissene Hosen oder löchrige T-Shirts zu stopfen. So verbringen die beiden schöne Stunden miteinander – und haben nicht das Gefühl, Zeit für unlustige Hausarbeit zu vergeuden.

2. Ordnung halten:
Werden Sie wieder Herrin über Ihr Reich der tausend Dinge

Viele Haushalte quellen über von Dingen, die jahrelang nicht mehr benutzt wurden und vermutlich auch in Zukunft nicht gebraucht werden. Die Ursachen dafür sind vielfältig: Ihr Besitz schafft ein Gefühl von Sicherheit, einige Gegenstände sind Statussymbole, Sie sammeln leidenschaftlich gern oder sind stolz auf Ihre zahlreichen Vorräte. Bedenken Sie einmal, wie viel Zeit Sie darauf verwenden, diesen Besitz zu verwalten, instand zu halten und zu säubern. Ganz zu schweigen davon, dass Sie rein statistisch gesehen pro Tag eine ganze Stunde mit Suchen vergeuden. Sobald Sie das Gefühl haben, dass Ihr Besitz Sie beherrscht, sollten Sie sich schnellstmöglich von Unnötigem trennen. Das Zepter für Ihr Reich der tausend Dinge muss in Ihrer Hand bleiben.

Entrümpeln Sie nach dem Magischen Viereck

Nehmen Sie sich beim Entrümpeln niemals den ganzen Kleiderschrank oder die gesamte Garage auf einmal vor. Derartige Mega-Aufgaben überfordern und demotivieren Sie. Ist bei der Arbeit kein Ende abzusehen, fällt zudem das Anfangen besonders schwer. Beginnen Sie deshalb mit kleinen Einheiten, bei denen Sie sicher sind, Ihr Arbeitspensum in der geplanten Zeit zu schaffen. Sortieren Sie die Sockenschublade, putzen nur den Kühlschrank oder misten ein Garagenregal aus.

Ordnen Sie diese Einheit beim Entrümpeln nach dem Magischen Viereck. Das heißt, Sie teilen Ihren Fußboden in vier Zonen ein und weisen den Inhalt Ihrer Schublade oder Ihres Regals jeweils einem der folgenden Eckpunkte zu:

Linkes oberes Eck: Behalten
In diese Ecke kommt alles, was regelmäßig benutzt wird, funktioniert oder einen hohen emotionalen Stellenwert hat.

Rechtes oberes Eck: Wegwerfen
In die Müll-Ecke legen Sie, was überflüssig oder kaputt ist: Gebrauchsanweisungen von längst entsorgten Geräten, alte Zeitschriften oder abgelaufene Lebensmittel. Schaffen Sie diese Dinge möglichst gleich aus dem Haus.

Rechtes unteres Eck: Weggeben
Was Sie nicht mehr brauchen und seit mindestens einem Jahr nicht mehr benutzt haben, verkaufen oder verschenken Sie. Spenden Sie Altkleider einer karitativen Organisation, verkaufen Kinderbücher am Flohmarkt oder Ihr altes Mobiltelefon über eBay. Dinge für den Flohmarkt auszusortieren hat den Vorteil, dass durch die Aussicht auf einen spannenden Flohmarkt-Tag und ein paar Euros extra auch Kinder leichter dazu zu bewegen sind, sich von etwas zu trennen.

Linkes unteres Eck: Unentschieden
Können Sie sich zwischen Behalten und Weggeben nicht entscheiden, kommen Hüte, Bücher oder Suppenschüsseln in die Unentschieden-Ecke. Packen Sie diese Dinge in eine Kiste und beschriften sie mit einem Ablaufdatum: Räumtag plus 1 Jahr. Lagern Sie diese Kiste im Keller und entsorgen Sie jenen Teil des Inhalts, von dem Sie ein Jahr lang keinen Gebrauch gemacht haben, nach diesem Jahr. Sie werden staunen, von wie vielen Dingen Sie sich nach Ablauf der Frist leichten Herzens trennen.

3. Ordnung bewahren:
Seien Sie der Wachhund über die mühsam hergestellte Ordnung

Je **weniger Teile** Sie in Ihrem Haushalt lagern, desto leichter wird es Ihnen gelingen, zukünftig Ordnung zu halten. Überlegen Sie sich bereits vor dem Kauf, wo Sie das Erworbene hinräumen wollen, und ob Sie es wirklich brauchen.

Legen Sie für jeden Gegenstand einen **fixen Aufbewahrungsort** fest. Beim Aufräumen wissen Sie dann immer, wo er hingehört, und beim Holen genügt ein Griff. Außerdem sind alle Familienmitglieder informiert, wo Schuhcreme, Federballnetz oder Reservezahnbürsten zu finden sind und ersparen sich – und Ihnen – hektische Suchaktionen.

Organisieren Sie Ihre **Aufbewahrungsorte nach logischen Prinzipien**. Überlegen Sie sich vor dem Einsortieren, was wo gebraucht wird: Handtücher kommen ins Bad und Briefmarken in die Schreibtischschublade.

Beschaffen Sie sich nicht zu viele Schränke, denn diese schreien beinahe danach, gefüllt zu werden. Solange genügend Stauraum vorhanden ist, werden Sie kaum ausmisten.

Reduzieren Sie Ablageflächen, lassen Sie wenig herumstehen und räumen Sie Ihre Ablageflächen regelmäßig ab.

Beschriften Sie Kisten und Schubladen oder versehen sie mit einem Foto vom Besitzer, beziehungsweise vom Inhalt.

Bauen Sie das Aufräumen als Routine in den Alltag ein und **erledigen Sie Tätigkeiten, die nur 30 Sekunden oder weniger dauern, sofort**. Schließen Sie offen gebliebene Schranktüren, hängen Ihre Jacke gleich auf und legen den Flaschenöffner sofort zurück.

Schaffen Sie vor dem Schlafengehen Ordnung. Wenn Sie morgens in eine aufgeräumte Wohnung blicken, stehen Sie gleich mit einem besseren Gefühl auf.

Vermeiden Sie permanentes Aufräumen. Ständiges Hinterherräumen raubt Ihnen den letzten Nerv und hinterlässt das Gefühl, als Dienstmädchen der Familie tätig zu sein. Räumen Sie daher nur ein- bis zweimal am Tag gründlich auf, beispielsweise vor dem Mittagessen und am Abend.

Beispiel aus dem Alltag einer Mutter im Spagat:
Um herumliegenden Kleinkram nicht immer sofort an den richtigen Platz räumen zu müssen und um den zahlreichen Zetteln und Spielzeugteilen meiner Kinder Herrin zu werden, habe ich im Wohnbereich eine schöne Kiste aufgestellt. In diese gebe ich alle herumfliegenden Dinge, die von Ihren Besitzerinnen oder Nutzern nicht weggeräumt wurden. Wenn meine Töchter etwas suchen, wissen Sie, dass es sich höchstwahrscheinlich in dieser Kiste befindet. Von Zeit zu Zeit wird sie – nach einer kleinen Vorwarnung – von mir geleert.

4. Kleine Hände – große Hilfe
Wenn Sie Ihre **Kinder in die Hausarbeit miteinbeziehen**, schaffen Sie sich damit nicht nur eine Entlastung, sondern bereiten Ihre Kinder auch auf die Anforderungen des Erwachsenenlebens vor. Die Mitarbeit im Haushalt **stärkt** auch das **Selbstwertgefühl** Ihrer Kinder, weil sie unübersehbar einen wichtigen Beitrag zum Gelingen des Familienlebens leisten. Haben Ihre Kinder einmal selber den Boden gewischt, werden sie sich außerdem hüten, den Wohnraum mit Straßenschuhen zu betreten.
Gewöhnen Sie die Kinder frühzeitig an eine gewisse Grundordnung und lassen Sie sie beim Aufräumen mithelfen. Ältere Kinder, etwa ab dem Schulalter, sollten alleine für ihr Zimmer verantwortlich sein. Weisen Sie Ihre Kinder auf die offensichtliche Zeitersparnis hin: Wenn sie nicht so

viel suchen müssen, haben sie mehr Zeit zum Lesen oder Basteln.

Übertragen Sie Ihren Kindern von klein auf **einfache Aufgaben im Haushalt** wie Tischdecken, Schuhe Schlichten oder Handtücher Falten und lassen Sie Ihre Kinder bei jeder Gelegenheit mitmachen.

Nutzen Sie den Familientreff (siehe Kapitel V) dazu, gemeinsam sämtliche anfallenden Aufgaben im Haushalt festzulegen und diese altersgerecht zu verteilen. Jedes Familienmitglied kann dabei wählen, was es gerne übernehmen möchte. Unangenehme Arbeiten werden alternierend erledigt. Den fertigen **Einsatzplan für das Haushaltsmanagement** hängen Sie gut sichtbar auf.

Klären Sie vorab, wie die Aufgaben ausgeführt werden sollten, und schreiben Sie eventuell eine **konkrete Anleitung** oder Checkliste. Wenn alle wissen, wie gründlich und mit welchem Werkzeug die Aufgabe erledigt werden muss, vermeiden Sie Missverständnisse.

Anfangs kann es erforderlich sein, die Familienmitglieder regelmäßig an ihre Aufgaben zu erinnern. Auch wird sich die Begeisterung Ihrer Kinder in Grenzen halten. Bleiben Sie trotzdem **konsequent** und versuchen, sie mit stichhaltigen Argumenten zu **motivieren**. Wenn Ihre Kinder die Aufgaben erledigt haben, loben Sie sie und belohnen sie auch gelegentlich. Halten Sie durch, auch wenn es ein wenig dauern kann, bis Ihre Kinder sich an die neuen Aufgaben gewöhnt haben.

Wenn größere oder nur selten anfallende Tätigkeiten zu erledigen sind, können Sie diese auch im Familienverband abarbeiten. Nehmen Sie sich dazu einen Samstagnachmittag Zeit. Notieren Sie zuerst alle nötigen Teilaufgaben auf einen Zettel und entscheiden Sie dann, welches Team welche Tätigkeiten übernimmt. Legen Sie ruhig einmal die Lieblings-CD Ihres Kindes ein und nutzen die Zeit, um nebenbei ungezwungene Gespräche zu führen, dann geht die Arbeit noch leichter von der Hand. Ist die Tat vollbracht, haben Sie das gute Gefühl, etwas **gemeinsam als Familie** geschafft zu haben und können sich mit einem Eis oder einem gemeinsam gemixten Smoothie belohnen.

Beispiel aus dem Alltag einer Mutter im Spagat:
Andrea war die ewigen Streitereien, wer den Geschirrspüler ausräumen muss, leid. Nachdem wir im Seminar das Zeitprotokoll besprochen hatten, stoppte sie beim nächsten Mal, als sie den Geschirrspüler ausräumte, mit. Dabei machte sie die erstaunliche Entdeckung, dass diese Tätigkeit nur wenige Minuten erfordert. Seither ärgert sie sich nicht mehr so, wenn ihr diese Arbeit überlassen wird. Außerdem kann sie nun auch die anderen Familienmitglieder leichter dazu motivieren.

> *Übungsvorschlag: Ich optimiere meinen Haushalt*
>
> Nehmen Sie sich einen Augenblick Zeit und überlegen Sie sich, ob und was Sie in Ihrem Haushaltsmanagement verändern könnten. Wenn Sie Ideen dazu gefunden haben, beginnen Sie am besten sofort mit der Umsetzung. Prüfen Sie gelegentlich, ob Ihnen diese Maßnahme dabei hilft, Zeit und Entspannung zu gewinnen.

Kurz und knackig:
- Schaffen Sie eine Grundordnung im Haushalt, über die jedes Familienmitglied Bescheid weiß.
- Betrachten Sie Ihren Haushalt einmal aus der Distanz und überlegen, welche Arbeiten wirklich unerlässlich sind. Erledigen Sie fortan nur mehr diese – dafür mit hochwertigen Hilfsmitteln.
- Besorgen Sie sich einen Küchenwecker und setzen ihn kreativ ein.
- Entrümpeln Sie immer nur kleine Einheiten, nach dem Prinzip des Magischen Vierecks: Behalten – wegwerfen – weggeben – unentschieden.
- Verteilen Sie die Haushaltsarbeiten gerecht und altersangepasst auf alle Familienmitglieder. So entgehen Sie der Opferrolle und stärken in Ihren Kindern das Bewusstsein, wichtige Mitglieder Ihrer Gemeinschaft zu sein.

V. Familienleben:
Ideen für ein friedliches Miteinander finden

Während Unbelebtes sorglos entrümpelt werden kann, geht es im Zwischenmenschlichen nicht darum, Ballast abzuwerfen, sondern innerhalb der zur Verfügung stehenden Zeit die Aufmerksamkeit gezielt auf einzelne Familienmitglieder zu richten und die gemeinsam verbrachten Stunden aufzuwerten. Hier punktet Qualität vor Quantität.

1. Partner:
Vom Traumprinzen zum Mitorganisator – und wieder zurück

Mütter, denen im Alltag (zur Zeit) weder ein Traumprinz noch ein Mitorganisator zur Seite steht, können sich ein bisschen Zeit sparen, diese Passage getrost überblättern und bei den Kuschelköniginnen und Wutzwergen auf Seite 70 weiterlesen. Ihrer speziellen Lebenssituation ist das nächste Kapitel gewidmet.

Sobald ein Kind die Familie erweitert, rutscht es in der familiären Rangfolge automatisch auf Platz eins. Und Sie haben in der Folge weniger freie Zeit für den Partner. Das aufregende Leben mit Kindern kann den romantischen Bund schnell zur Organisationseinheit degradieren.
Wie können Sie Ihre Liebe trotz hoher zeitlicher Belastungen bewahren? Ersetzen Sie fehlende Quantität durch **Qualität**. Nehmen Sie sich jeden Tag mindestens 15 Minuten Zeit, die Sie ungestört miteinander verbringen. Bevor Sie Ihre Kinder wecken, aber auch, nachdem Sie sie zu Bett gebracht haben – je nach Ihren täglichen Gewohnheiten. Verbannen Sie organisatorische Themen aus diesem Zeitfenster

und reden auch nicht über Ihre Kinder. Die Elternzeit gehört nur Ihnen. Bringen Sie Ihren Kindern liebevoll, aber unmissverständlich bei, Sie währenddessen nicht zu stören.
Gehen Sie wieder abends **zusammen aus**, wenigstens alle zwei Wochen. Die zusammen verbrachte Zeit außer Haus nimmt beruflichen und familiären Druck von Ihnen. Durch den gemeinsamen Tapetenwechsel tritt der Alltag für kurze Zeit in den Hintergrund, Probleme relativieren sich und Sie können Ihre Batterien wieder aufladen. Beim Pizzaessen im Lieblingsrestaurant, beim Bowling oder im Kino ums Eck können Sie sich wieder ein bisschen wie früher fühlen: wie ein Liebespaar.
Organisieren Sie sich Ihren Babysitter am Wochenende auch mal tagsüber. Ein Spaziergang von ein oder zwei Stunden schafft neue Nähe und kann die Routine aufbrechen. Momente zu zweit sind kein Luxus, sondern lebenswichtig für eine Beziehung. Diese Zeit kommt indirekt auch Ihren Kindern zugute, selbst wenn sie für ein paar Stunden auf Sie verzichten müssen. Denn ein Elternpaar, das aus Liebe zusammen bleibt, ist für Kinder der größte Schatz.
Auch **Ausgeh-Abende zu Hause** bieten eine Gelegenheit für Zweisamkeit. Schalten Sie den Anrufbeantworter ein und das Handy auf lautlos, zünden Sie Kerzen an, lassen Sie eine schöne CD laufen und kochen eventuell gemeinsam etwas Feines.
Ermuntern Sie Ihren Partner, trotz des begrenzten Zeitbudgets, seinem Hobby nachzugehen. Auch er braucht Freiräume. Im Gegenzug gestehen Sie auch sich selbst freie Zeiten zu, in denen Ihr Partner die Familienorganisation übernimmt. Wenn Sie sich in der Hektik des Alltags einmal über Ihren Partner ärgern, dann lenken Sie Ihre Aufmerksamkeit auf

die Eigenschaften, die Sie an Ihrem Partner schätzen und **loben** Sie ihn im passenden Moment dafür.

Paare, die unter Zeitdruck stehen, neigen dazu, beim Umgang miteinander mit Worten zu sparen. **Liebevolle Gesten oder Worte** müssen aber weder originell noch zeitintensiv sein. Eine zärtliche Berührung zwischendurch, ein Kosewort oder eine liebe SMS wirken im Alltagstrubel oft Wunder.

Beispiel aus dem Alltag einer Mutter im Spagat:
Rita und Edmund pflegen ihre Partnerschaft mit einem Ritual aus der Zeit, bevor sie Kinder bekamen. Da sie einander am 18. Juni kennen gelernt haben, feiern sie in jedem Monat den 18. mit einem gemeinsamen Abendessen. Den „echten" Jahrestag im Juni verbringen sie traditionellerweise ohne Kinder an einem Ort, der für ihre Beziehung eine besondere Bedeutung hat: In der Therme, in der sie einander zum ersten Mal geküsst haben. Dieses Ritual verhindert, dass sie im hektischen Alltag mit zwei Kindern auf ihre gemeinsame Zeit vergessen.

2. Kinder:
Gelassener Umgang mit Kuschelköniginnen und Wutzwergen

Erziehen Sie Ihr Kind zur **Selbständigkeit**. Damit vereinfachen Sie auf längere Sicht auch Ihr eigenes Leben. Bringen Sie Ihrem Kind beispielsweise möglichst früh bei, sich selbst anzuziehen. Kleine Kinder freuen sich sogar, wenn sie mithelfen dürfen, weil sie gerne das Gleiche tun möchten wie die Großen. Gewöhnen Sie sie deshalb schon früh an Mini-Dienste wie Müll Rausbringen, Tisch Decken und Spielsachen Aufräumen. Lesen Sie dazu mehr in Kapitel IV unter *Kleine Hände – große Hilfe*.

Bleiben Sie ruhig, wenn es kracht. **Entwickeln Sie Strategien für sich und Ihr Kind**, mit denen Sie in kritischen Situationen **für Ruhe und Entspannung** sorgen können. Anregungen für sich selbst finden Sie im Kapitel III. Überlegen Sie in einer ruhigen Minute auch einmal gemeinsam mit Ihrem Kind, was *ihm* helfen kann, sich bei Ärger zu entspannen. Vielleicht hört es gerne beruhigende Musik, geht ins Bad und kühlt sich Gesicht und Hände mit Wasser oder formt aus Plastilin einen Ärgerdrachen. Manche Kinder wollen bei einem Wutausbruch einfach nur in den Arm genommen werden.

Beispiel aus dem Alltag einer Mutter im Spagat:
Johanna hat während der Seminarreihe Gefallen an den Atemübungen gefunden und begonnen, in stressigen familiären Situationen kräftig und unüberhörbar auszuatmen. Mit dem Effekt, dass diese spezielle Art des Ausatmens nicht nur ihr gut tut, sondern auch ihren Kindern zeigt, dass sie jetzt lieber aufhören sollten. Ideen für eine kurze Auszeit mithilfe des Atems finden Sie bei den Entspannungsübungen im Anhang.

Im Alltag bleibt oft wenig Zeit zum Schmusen und Kuscheln. Versuchen Sie daher regelmäßig, kleine **Kuscheleinheiten** einzubauen, beispielsweise mit einer lustigen Massage. Sie können auf dem Rücken Ihres Kindes spielerisch eine Pizza backen oder sich mit Igelbällen gegenseitig massieren. Weitere Anregungen finden Sie bei den Entspannungsübungen im Anhang. Nutzen Sie die gemeinsame Zeit, die Sie mit Ihrem Kind verbringen, und schaffen Sie sich schöne Momente.
Bauen Sie viele **Rituale** in Ihren Tagesablauf ein. Vor allem für kleinere Kinder ist oft jeder neue Tag schon Aufregung

genug. Daher können ihnen bestimmte Rituale im Alltag, wie die Gute-Nacht-Geschichte oder das gemeinsame Essen, Sicherheit und Halt geben und fördern so ein reibungsloses Zusammenleben.

Schicken Sie regelmäßig eine Kiste mit **Spielsachen** „in den Urlaub". Wenn der Stoffbauernhof oder die Kinderbohrmaschine nach zwei Wochen erneut auftauchen, sind sie plötzlich wieder interessant. So können Sie verhindern, dass das Spielzeug seinen Reiz verliert und die Kinder sich inmitten eines Spielzeugparadieses langweilen und ständig von Ihnen beschäftigt werden wollen.

Gehen Sie täglich mit Ihrem Nachwuchs an die frische Luft, auch wenn es regnet. Kinder brauchen viel **Sauerstoff und Bewegung** und sind im Anschluss an eine kurze Runde wieder viel ausgeglichener. Erfahrungsgemäß ist es nicht immer einfach, die Kinder dazu zu motivieren, es lohnt sich aber auf jeden Fall. Vielleicht finden Sie ein kleines „Ausflugsziel", das sie interessiert: Pfützen zum Rumhüpfen, eine Freundin, die Sie kurz besuchen oder die Bücherei, wo Sie eine Weile schmökern. Sie können sich auch anschließend mit einer Tasse Kakao und Keksen belohnen.

Werden Sie vor den **Kindergeburtstagen** von Verwandten und Freunden nach Geschenkideen gefragt, schlagen Sie einen Besuch im Zoo, Kasperltheater oder Schwimmbad vor. Meist quillt das Kinderzimmer ohnehin schon über von Stoffhunden, Puppenkleidern und Legosteinen. Ein Ausflug mit Opa, Tante oder Freunden ist für die Kinder ein tolles Geschenk, das ihnen lange in Erinnerung bleibt und Sie haben an diesem Tag wieder einmal Zeit für sich.

3. Familie:
Ab in die Hängematte!

Verbringen Sie regelmäßig unverplante Zeit mit Ihrer Familie, im Rahmen eines **Familien-Hängematten-Tages**. Hängen Sie an diesem Tag gemeinsam ab und tun das, wozu Sie gerade Lust haben: ein altes Fotoalbum anschauen, Kuchen backen, das Fahrrad reparieren oder spazieren gehen. Ihre Kinder erwarten gar nicht immer, dass Sie den Animateur für sie spielen. Seien Sie auch offen dafür, dass nichts besonders Tolles passiert.

Wenn die Kinder größer werden, haben sie oft schon eigene Wünsche bezüglich der Freizeitgestaltung. Erklären Sie doch den Samstag oder Sonntag zum Mama-, Papa-, Anna- oder Markustag. An einem **Mamatag** darf die Mama bestimmen, was gemacht wird, an einem Markustag darf sich dann Markus wünschen, was er gerne machen möchte. Achten Sie bitte darauf, dass Sie nicht zu viele Aktivitäten in ein Wochenende reinpacken. Jeder braucht auch einen gewissen Freiraum für sich.

Sie können auch den Samstag zum **Pastatag** erklären. Kinder lieben Rituale und die meisten mögen Nudeln. Der Vorteil für die Eltern: Sie müssen eine Mahlzeit in der Woche weniger planen.

Ebenfalls wöchentlich sollten Sie sich und Ihrer Familie etwas Gutes tun und einen **Familientreff** abhalten. In diesen 30 Minuten werden keine Telefonate geführt, der Fernseher bleibt aus und alle sind bei der Sache. Im Rahmen eines Familientreffs werden sämtliche Angelegenheiten diskutiert, die sich im Laufe der Woche angesammelt haben oder über die man sich geärgert hat. Nutzen Sie diese Möglichkeit, Probleme offen beim Namen zu nennen, und suchen Sie gemeinsam nach Lösungen und Wegen. Sie können bei

dem Familientreff auch Vorhaben besprechen, die gemeinsam geplant werden müssen, wie den Speiseplan, die Koordination von Geigenstunden und Fußballterminen oder den nächsten Urlaub.
Erstellen Sie auf dem Familientreff gemeinsam mit Ihrer Familie einen **Arbeitsplan** für die nächste Woche. Wer räumt die Spülmaschine ein und aus, wer ist für den Müll zuständig und wer macht den Meerschweinchenstall sauber.

Beispiel aus dem Alltag einer Mutter im Spagat:
Sabine war von der Idee des Familientreffs begeistert und hat ihn sofort mit ihrer Familie umgesetzt. Da ihre Kinder, fünf und sieben Jahre alt, noch kleiner sind, versuchen sie, ihn zeitlich eher knapp zu halten und sich nur auf das Wesentliche zu beschränken. Jede Woche darf ein anderes Familienmitglied sonntags nach dem Frühstück den Familientreff eröffnen. Bei einem der ersten Familientreffs hat die Familie gemeinsam eine Hausordnung erstellt, die sie anschließend in Form einer selbstgebastelten Collage festgehalten hat. Diese hängt mittlerweile, von allen „unterschrieben" und für alle sichtbar, beim Esstisch.

Um Ärger und Missverständnisse im familiären Alltag zu vermeiden, sollten sich alle Familienmitglieder eine offene Sprache ohne Vorwürfe angewöhnen und sich im verständnisvollen Zuhören üben. Verwenden Sie in Ihren Sätzen *ich* statt *du*. Eine Ich-Botschaft ist eine Mitteilung über Sie selbst und zeigt, wo für Sie das Problem liegt. *Ich habe gerade aufgeräumt und mich stören deine Sachen auf dem Boden* statt *Du bist immer so unordentlich. Räum endlich auf.* Du-Botschaften sind Bewertungen anderer Personen, mit denen Sie auch daneben liegen können. Pauschalierungen wie *immer* oder *nie* sollten Sie ebenfalls vermeiden.

Üben Sie sich in der Kunst des aktiven Zuhörens. Lassen Sie Ihr Kind reden und melden Sie seine Botschaft mit anderen Worten zurück, um sich zu vergewissern, dass Sie sein Anliegen auch wirklich verstanden haben. Damit zeigen Sie Ihrem Kind, dass Sie es ernst nehmen. *Ich habe den Eindruck, du bist sauer.*

Eine respektvolle und wertschätzende **Kommunikation** innerhalb der Familie ist zunächst vielleicht etwas gewöhnungsbedürftig, aber langfristig nervenschonend.

Wenn Ihre Kinder des Öfteren Meinungsverschiedenheiten austragen kann es helfen, sich in einem friedlichen Moment mit allen Beteiligten zusammenzusetzen und **für** zukünftige **Auseinandersetzungen Regeln festzulegen**. Welche Handlungen – vom Haare Ziehen bis Kratzen – oder Worte werden in dieser Familie nicht geduldet? Und wie wird im Anschluss an eine Auseinandersetzung rituell Frieden geschlossen?

> *Übungsvorschlag: Familienmanagement –*
> *Ich gestalte mein Familienleben*
>
> Notieren Sie sich, welche Änderungen im Bereich von Partner, Kindern oder Familie Sie dabei unterstützen könnten, Ihre Balance zu finden und zu halten. Versuchen Sie, möglichst viele Ihrer Ideen umzusetzen. Nehmen Sie sich diese Notizen nach einem Monat und nach einem Jahr noch einmal vor und überdenken sie.

Kurz und knackig:
- Pflegen Sie regelmäßige Rituale als Liebespaar: die tägliche exklusive Viertelstunde, abendliche Elternzeiten außer Haus und Ausgeh-Abende daheim.

- Gönnen Sie sich und Ihrem Partner ein eigenes Hobby.
- Erziehen Sie Ihr Kind zur Selbständigkeit – von Anfang an.
- Verbringen Sie bewusst Muße(viertel)stunden mit Ihren Kindern: im Alltag zwischendurch, beim abendlichen Vorlesen oder an einem Hängemattentag am Wochenende.
- Investieren Sie in die innerfamiläre Kommunikation: Gestalten Sie Familientreffs und üben Sie sich in gewaltfreier Sprache.

VI. Spezielle Lebensumstände:
So kommen Alleinerzieherinnen und Selbständige leichter durch den Alltag

Immer wieder kommen in meinen Seminaren Frauen auf mich zu, die den Spagat alleine meistern (müssen). Auch wenn sie vielleicht im Alltag mehr Entscheidungsfreiheiten haben als Mütter in Partnerschaften: Sie übernehmen dafür enorm viel Verantwortung und tragen die volle Arbeitslast. Umso bewusster müssen sie sich Inseln der Entspannung erobern – und dabei soll dieses Kapitel helfen.

Unter sehr speziellen Umständen gestalten auch selbständig erwerbstätige Mütter ihr Leben. Auch sie haben ein großes Maß an Eigenverantwortung, eben nur nicht im privaten, sondern im beruflichen Bereich. Es ist mir natürlich bewusst, dass der Alltag einer Restaurantbesitzerin komplett anders aussieht als der einer Gärtnerin oder frei praktizierenden Ärztin. Einflussmöglichkeiten und Spitzenarbeitszeiten unterscheiden sich wesentlich von einander. Trotzdem möchte ich auf ein paar Zeitfallen und nötige Freiräume hinweisen, die für Frauen in verschiedensten selbständigen Tätigkeiten von Interesse sein können. Diese Anmerkungen sind auch für jene Mütter als Entscheidungshilfe gedacht, die den Schritt in die Selbständigkeit grundsätzlich in Erwägung ziehen.

1. Alleinerzieherinnen:
Alleinige Leiterinnen der Familie

Alleinerziehende Mütter sind keine homogene Gruppe. Zwar vereint sie die Tatsache, dass sie ihre Kinder (vorwiegend) ohne den Partner aufziehen, aber ihre Vorgeschichte, die emotionale Einstellung zu ihrer Lebenssituation und nicht zuletzt die Art, wie sie mit ihrem Ex-Partner in Kontakt geblieben sind, unterscheidet sie voneinander. Wo auch immer Sie gerade stehen – suchen Sie sich von meinen Vorschlägen einfach jene heraus, die zu Ihrem Leben passen.

Typische Stressfaktoren alleinerziehender Mütter
Egal ob es um Gesundheit, Schule oder die Finanzen der Familie geht: Sie tragen die **volle Verantwortung**.
Mit Sorgen und Problemen sind Sie **oft alleine** und können sich mit niemandem beratschlagen, wenn Ihr Ex-Partner kein Interesse zeigt. Sie fragen sich, warum der pubertierende Sohn plötzlich so schweigsam ist, ob Sie die kleine Tochter zur Logopädie bringen müssen, und wie Sie die Reparatur des defekten Boilers bezahlen sollen. Die Frage *Mache ich wohl alles richtig?* wird zu Ihrem ständigen Begleiter.
Ihre **finanzielle Situation** kann zur großen Belastung werden und Sie vor die Wahl stellen, entweder finanziell zurückzustecken oder weniger Zeit mit Ihrem Kind zu verbringen.
Eine extrem große Herausforderung liegt in der **Organisation der Kinderbetreuung**, vor allem wenn Sie selbst krank sind oder länger arbeiten müssen und eventuell kein Familienmitglied helfend einspringen kann.
Als Alleinerzieherin sind Sie **alles in einem**: Mutter, Ansprechperson Nummer eins, Lernhilfe, Konfliktmanagerin und Prellbock. Sie sind sowohl diejenige, die Kritik übt, als auch diejenige, die das kritisierte Kind dann trösten muss. An Ihnen allein loten die Heranwachsenden die Grenzen des gerade noch tolerierbaren Verhaltens aus. In Momenten, in denen Ihre einzige Möglichkeit, Haltung zu bewah-

ren, darin bestünde, aus dem Konflikt herauszutreten und den Raum zu verlassen, haben Sie dazu einfach keine Chance. Da müssen Sie durch und es gibt keinen Partner, der konsequent oder ausgleichend agieren könnte.

Selbst wenn Sie todmüde nach Hause kommen, müssen Sie dann **für Ihre Kinder da sein**. Sie können nicht kurz vor Ihrem Zusammenbruch dem Partner sagen: *Mach du weiter.* Löchert Ihr Kind Sie beispielsweise während des Kochens fortwährend mit Fragen, haben Sie nicht die Chance, es mit *Frag den Papa!* vom heißen Backrohr wegzulocken.

Kehrt am Abend endlich Ruhe ein, ist niemand da, mit dem Sie über erwachsene Themen reden können. **Fehlt Ihnen über längere Zeit der erwachsene Gesprächspartner**, tappen Sie leichter in die Falle, Ihre Kinder zu früh wie Erwachsene zu behandeln und Ihnen zu viel Verantwortung zu übertragen.

Extrem belastend wirken sich **Konflikte mit dem Ex-Partner** aus, aber möglicherweise auch die Herausforderung, den Kindern das väterliche Desinteresse an der Familie zu erklären.

In dunklen Stunden stellen Sie sich die Frage: *Was ist, wenn mir etwas passiert und dann keiner für mein Kind da ist? Wenn ich jetzt kollabiere, kann mein Kleinkind selbst Hilfe holen und sich kurzfristig mit Essen und Trinken versorgen?*

Einige dieser Faktoren belasten natürlich auch Mütter, deren Partner aus beruflichen Gründen häufig abwesend ist oder sich nicht für den Nachwuchs und den Haushalt zuständig fühlt.

Stressmanagement für Alleinerzieherinnen

Aufgrund der hohen Anforderungen erreichen Alleinerzieherinnen öfter als andere Mütter ihre Belastungsgrenze. Damit Sie diese nicht überschreiten, sollten Sie **auf sich achten** und körperliche **Warnsignale ernst nehmen**. Schwindelgefühle, Appetitlosigkeit oder Spannungskopfschmerzen sind keine Kleinigkeiten, sondern wichtige Hinweise: Holen Sie sich Hilfe, solange Sie es selbst tun können. Nur wenn es der Mutter gut geht, geht es auch den Kindern gut!

Gerade für Sie als Alleinerziehende erfüllt die **Berufstätigkeit** eine wichtige Funktion: Sie stärkt Ihren Selbstwert, lenkt von Alltagsproblemen ab, **bietet Kontakte und Austausch** mit anderen Erwachsenen und verhindert Isolation. Die Verpflichtung, pünktlich an einem bestimmten Ort anwesend zu sein, die Angst um Ihren Arbeitsplatz oder der Betreuungsnotstand, wenn ein Kind krank wird, setzen Sie in Ihrer Lebenssituation allerdings ganz besonders unter Druck. Loten Sie sämtliche Möglichkeiten aus, wo Sie Hilfe finden können. Beginnen Sie gleich am Arbeitsplatz damit: Besprechen Sie mit Ihrem Vorgesetzten Ihre beruflichen Ziele, aber auch Ihre familienbedingten Grenzen der Verfügbarkeit. Klären Sie vorab, ob Sie in Krisenzeiten von daheim aus arbeiten dürfen oder versäumte Stunden in der folgenden Woche einbringen können.

Nicht nur wenn die Kinder krank sind – auch im Alltag brauchen Sie ein **Sicherheitsnetz für die Kinderbetreuung**. Sichern Sie sich, soweit möglich, den familiären Rückhalt. Machen Sie Ihren Eltern bewusst, dass sie als Großeltern gebraucht werden. Vielleicht kann auch Ihr Bruder einmal früher zu arbeiten aufhören, um Ihr Kind aus der Krippe abzuholen? Sorgen Sie rechtzeitig für Notfälle vor: Wo gibt es flexible Babysitter und Betreuungsangebote für kranke Kinder – und unter welchen Bedingungen sind sie zu buchen?

Umgeben Sie sich mit **Menschen, die Verständnis für Ihre Situation aufbringen**. Das kann auch eine längst aus den Augen verlorene Freundin aus Jugendtagen sein, die inzwischen selbst eine Scheidung erlebt hat, oder der alleinerziehende Vater von nebenan, mit dem Sie noch nie zuvor ein Wort gesprochen haben.

Der **Austausch mit Müttern und Vätern, denen es ähnlich geht**, die verstehen, was Sie beschäftigt, und gegenseitige Unterstützungsvereinbarungen können Ihnen helfen.

Sichern Sie sich finanziell ab, so gut es geht. Versuchen Sie, sich mit Ihrem Ex-Partner zu einigen und im Gespräch zu bleiben. Funktioniert das trotz aller Bemühungen nicht, holen Sie sich professionelle Hilfe.

Nutzen Sie Ihre Freizeit für sich, wenn die Kinder beim Vater sind und wenn sie abends im Bett liegen. Gehen Sie an Ihrem freien Wochenende wandern, nähen Sie am Abend etwas Schönes – tun Sie, was Ihnen Spaß macht. Gönnen Sie sich regelmäßig etwas. Das kann auch eine Kleinigkeit wie ein entspannendes Vollbad mit einem neuen Duft sein.

Übertragen Sie Ihren Kindern **altersgemäße Aufgaben**: Jeder muss sein Zimmer selbst aufräumen, die eine trägt den Müll hinunter, der andere putzt den Hamsterkäfig. Das Gefühl, in der verbliebenen familiären Gemeinschaft wirklich gebraucht zu werden, stärkt Ihre Kinder, fördert ihre Selbständigkeit und ihr Selbstvertrauen.

Setzen Sie Ihre To-do-Liste auf Diät. Je weniger Zeit Sie zur Verfügung haben, desto wichtiger ist es, Prioritäten zu setzen und Unwichtiges von vornherein wegzulassen. Organisieren Sie langfristig absehbare Sondertermine wie nicht akute Arztbesuche oder Elternsprechtage gründlich vorab. Ihre Flexibilität und Kreativität brauchen Sie ohnehin für das Unvorhergesehene.

Üben Sie sich in **Gelassenheit** und lernen Sie, Ihre Ansprüche zu überprüfen und gegebenenfalls herunterzuschrauben. Nichts muss perfekt sein, gut genug reicht auch. Stehen Sie dazu, dass Ihre Küchenschränke nur notdürftig geputzt sind oder Sie keine Weihnachtsdekoration aufgehängt haben. Solange noch Zeit zum Kuscheln, zum Diskutieren und auch einmal zum Füße Hochlagern bleibt, sind Sie auf dem richtigen Weg.

Ein wesentlicher Entspannungsfaktor kann eine **neue Beziehung** sein. Sie bekommen wieder die Gelegenheit zu Erwachsenengesprächen und werden nicht mehr nur als Arbeitskraft und Muttertier wahrgenommen. Sie sind eine attraktive, liebenswerte Frau! Finden Sie selbst das richtige Tempo, wann Sie Ihren Liebsten den Kindern vorstellen. Halten Sie den neuen Mann nicht ganz von Ihren familiären Sorgen fern, aber jammern Sie ihm nichts vor. Fragen Sie ihn lieber um Rat.

Falls Ihre Kinder gesund sind und gerade keine besonders heftige Phase durchmachen: Seien Sie dankbar dafür. Gestehen Sie aber auch Ihren Kindern zu, nicht perfekt zu sein. Reservieren Sie Ihre Energien für wirklich fordernde Situationen und verschwenden sie nicht beim Meckern über Kleinigkeiten. Sind Sie Mutter eines kranken, behinderten oder gerade in einer schwierigen Phase befindlichen Kindes, holen Sie sich Entlastung, wo immer es geht. Selbst wenn es gerade unmöglich erscheint: **Machen Sie sich** auch in schwierigen Situationen **bewusst, was am Zusammenleben mit Ihrem Kind schön ist.**

Retten Sie sich auf die Mutterinsel! Finden Sie einzelne Momente oder auch längere Phasen am Tag, in denen Sie Ihren Kindern emotional nahe sind und das Muttersein einfach genießen können: Das kann ein gemeinsames

Frühstück sein, aber auch der Fußweg in den Kindergarten, gemeinschaftliches Wäscheaufhängen oder der abendliche Fernsehfilm, bei dem Sie sich aneinander kuscheln.

Fahren Sie mit Ihren Kindern weg! Wechseln Sie den Ort und treten dadurch aus dem Alltagstrott heraus. Ist Ihre finanzielle Situation angespannt, fragen Sie Freunde, ob Sie deren Berghütte billig mieten können oder ein paar Tage in deren Stadtwohnung verbringen dürfen – vielleicht im Austausch fürs Katze Hüten oder Blumengießen während deren Urlaubszeit. Es gibt auch spezielle Urlaubsangebote für Alleinerziehende. Da werden Sie nicht durch die (scheinbare) Idylle anderer urlaubender Familien frustriert, sondern treffen Menschen, die Ihre Situation kennen und verstehen. Klären Sie ab, ob Sie dafür eine finanzielle Unterstützung bekommen können.

Erträumen Sie sich eine schöne Zukunft – bunt und sehr konkret. Laden Sie Ihre Kinder ein, sich daran zu beteiligen. Vielleicht lässt sich der eine oder andere kleinere Wunsch ja schon in naher Zukunft realisieren. Stecken Sie sich bescheidene, aber auch ambitionierte Ziele und lassen Sie sie von niemandem schlechtreden. Finden Sie ein Symbol oder ein Bild, das für Ihr Ziel steht, und halten es sich in dunklen Zeiten vor Augen.

Machen Sie sich bewusst: **Kinder werden erwachsen.** Sie müssen diese Rushhour des Lebens nicht ewig durchhalten. Spätestens im Rückblick werden Sie feststellen: Es gibt nichts Genialeres, als Kinder zu haben!

Wenn Sie nicht mehr weiterwissen: **Suchen Sie Unterstützung.** Es ist keine Schande, ein Arbeitspensum, das eigentlich für zwei gedacht ist, nicht alleine zu bewältigen.

Was Alleinerziehende anderen Müttern raten
Da ich selbst keine Erfahrungen als alleinerziehende Mutter gemacht habe, möchte ich an dieser Stelle betroffene Frauen zu Wort kommen lassen: Sie haben mir in themenzentrierten Interviews Tipps mitgegeben, was aus ihrer Sicht das Leben von Alleinerziehenden erleichtern kann. Wie immer ermuntere ich Sie dazu, sich nur das herauszupicken, was zu Ihrer aktuellen Situation passt.

Denk an dich selbst! Nimm dir mindestens einmal pro Woche frei – am besten zu einer gleich bleibenden Zeit, damit dein Nachmittag oder Abend fix reserviert ist.
Auch wenn Arbeit liegen bleibt, schalte jeden Tag zwischendurch einmal kurz ab. Nur so kannst du (halbwegs) gelassen bleiben.
Ja, du bist jetzt der wichtigste Mensch für deine Kinder. Lass trotzdem los und ermögliche ihnen, auch Zeiten ohne dich zu verbringen – zum Beispiel bei den Großeltern.
Nimm jede Unterstützung an, die du bekommen kannst: organisatorisch, emotional, aber auch finanziell.
Rede so aufrichtig wie möglich mit deinen Kindern über die Scheidung. Vielleicht werden deine Beweggründe erst Jahre später für sie wirklich verständlich sein – aber mit ehrlichen Antworten leben sie besser als mit einer Lüge.
Erkläre deinem Kind klar und deutlich, dass manche Aktivitäten in eurer Familie nicht möglich sind; aus organisatorischen oder finanziellen Gründen. Das müssen alle Eltern tun – sie haben nur meist ein weniger schlechtes Gewissen dabei als Alleinerziehende.
Auch wenn es anfangs furchtbar wehtun kann: Bleib mit deinem Ex-Partner in Kontakt und das nicht nur, wenn gerade eine unangenehme Entscheidung ansteht. Ihr müsst nie wie-

der ein Liebespaar werden, aber ein Elternpaar bleibt Ihr für immer. Verweigert dein Ex-Partner allerdings das Gespräch, schließ das Thema ab und erkläre deinen Kindern die Situation.
Glaube an die Kraft der Zukunft. Kurz nach der Trennung erscheint vieles unmöglich, aber das ändert sich wieder. Du hast die Chance, etwas aus deinem Leben zu machen – nutze sie!
Du darfst auch die Vorteile deiner Lebenssituation sehen und schätzen: Wenn du dein Kind allein erziehst, sparst du dir viele Diskussionen über Schlafengehzeiten, die Wahl der besten Schule oder darüber, wie lange Gitarre geübt werden muss. Du kannst Entscheidungen alleine treffen und musst dabei nur Rücksicht auf dich und deine Kinder nehmen.

2. Selbständige Mütter:
Alleinige Chefinnen im Job

Haben Sie schon einmal überlegt, sich beruflich selbständig zu machen, um Kinder und Job besser mit einander vereinbaren zu können? Selbständigkeit *kann* Ihnen die optimale Form des Wiedereinstiegs auf Raten bieten, aber nicht jede Form der eigenen unternehmerischen Tätigkeit ist wirklich familienkompatibel. Ein paar grundsätzliche Aspekte sollten Sie jedenfalls vorab bedenken.

Berufliche Selbständigkeit hat viele Gesichter – daher ist es gar nicht einfach, allgemein gültige Tipps dafür zu geben. Der vielleicht wichtigste Faktor ist, ob Sie sich die Arbeitszeiten (zumindest teilweise) selbst einteilen können. Sind Sie an Ihre Ladenöffnungszeiten oder an die Terminwünsche Ihrer Kunden gebunden, haben Sie ähnlich wenig zeitlichen Spielraum wie Angestellte. Besser kompatibel mit dem Familienleben ist eine Tätigkeit mit selbstbestimmter Zeiteinteilung. Hier sollten Sie jedenfalls darauf achten, sich nicht selbst zu überfordern und nicht zu jeder Tages- und Nachtzeit zu arbeiten. Hüten Sie sich auch vor der gegenteiligen Situation: Menschen, denen es schwer fällt, sich selbst zu motivieren und sich zur Arbeit aufzuraffen, sollten von einer selbständigen Tätigkeit Abstand nehmen.

Vor allem Mütter, die nach längerer Zeit zuhause beruflich wieder einsteigen, entscheiden sich häufig für die Selbständigkeit. Diese Form der Berufstätigkeit müssen Sie jedoch von ganzem Herzen anstreben, denn sie ist nicht so einfach zu organisieren und rentiert sich erst nach einer Anlaufzeit, während der Sie von Ihrem Partner finanziell abhängig sind. Damit der Spagat zwischen Selbständigkeit und Familie gut funktioniert, müssen einige Voraussetzungen gegeben sein: Eine erfolgreiche Selbständigkeit setzt **unternehmerisches Denken und Handeln** voraus. Neben einer marktfähigen Idee und einem entsprechenden Businessplan benötigen selbständige Mütter auch eine große Portion an Optimismus und Kontaktfreudigkeit sowie familiären Rückhalt.

Gehen Sie den Schritt in die Selbständigkeit nur dann, wenn Sie über genügend **Ausdauer und Energie** verfügen, um mit Widerständen, Rückschlägen und finanzieller Unsicherheit umgehen zu können.

Als selbständige Mutter sind Sie allein verantwortlich für Kundenakquise, Terminkoordination, Büroausstattung und Buchhaltung. Sie müssen Ihr Material selbst einkaufen und auch Ihr Büro putzen. Wichtig ist daher ein **großes Maß an Eigenmotivation**, sowie eine Extraportion an Disziplin und Konsequenz.

Sind Sie sich nicht ganz sicher, ob Ihre Geschäftsidee auch wirklich Ihren Lebensunterhalt sichern kann, versuchen Sie zunächst, eine **Teilzeitstelle** mit den ersten Schritten in die

Selbständigkeit zu kombinieren. So verfügen Sie über ein gewisses Sicherheitsnetz für den Fall finanzieller Rückschläge.
Da der Aufbau eines noch so kleinen Unternehmens vor allem in der Anfangsphase viel Zeit benötigt, brauchen Sie bei kleineren Kindern eine **verlässliche und möglichst flexible Kinderbetreuung**.
Arbeiten Sie von zu Hause aus, ist es noch wichtiger als bei angestellten Müttern, **Beruf und Familie räumlich und zeitlich klar zu trennen**. Richten Sie sich, wenn möglich, einen eigenen kleinen Arbeitsbereich ein, zu dem sie auch mal die Tür schließen können. Denken Sie an ausreichende Familienzeiten und Erholungsphasen und halten sich die Wochenenden und Abende arbeitsfrei.
Da viele Selbständige keine festen und geregelten Arbeitszeiten haben, empfiehlt es sich, auf einem eigenen Kalender die **Arbeitszeiten mitzuschreiben**. So bewahren Sie den Überblick, wieviel Zeit Sie in ein Projekt bereits investiert haben.

Beispiel aus dem Alltag einer Mutter im Spagat:
Mir helfen feste Regeln dabei, nicht auf Familien- und Freizeit zu vergessen. Wochentags arbeite ich bis spätestens 20 Uhr 30 und die Wochenenden gehören meiner Familie und mir. Natürlich gibt es dabei auch mal Ausnahmen, aber der gelegentliche Blick auf meine schon geleisteten Arbeitsstunden hilft mir, den Bogen nicht zu überspannen.

Hüten Sie sich davor, nur schnell noch etwas erledigen zu wollen. Sind Sie einmal geistig im Arbeitsprozess drinnen, fällt die Rückkehr zum Familienalltag schwer.
Als Selbständige benötigen Sie ein **Mindestmaß an organisatorischem Talent**. Sie müssen die Übersicht über Ihre

Projekte und deren Fristen bewahren. Am besten legen Sie vorher einen Zeitrahmen dafür fest. In vorhersehbar stressigen Zeiten wie der Vorweihnachtszeit und zu Schulschluss sollten Sie, wenn möglich, von vornherein weniger Projekte einplanen.
Koordinieren Sie Ihre Termine regelmäßig und rechtzeitig mit Ihrem Partner und jenen Personen, die sich an der Kinderbetreuung beteiligen.
Möchten Sie konzentriert und zügig etwas abarbeiten, **reduzieren Sie** in dieser Zeit alle **Ablenkungen auf ein Minimum**. Schalten Sie Ihr Handy auf lautlos, schließen Ihren Maileingang und bitten Ihre Familie, Sie nicht zu stören.
Bei einer selbständigen Tätigkeit innerhalb der eigenen vier Wände fehlt der Ortswechsel als äußeres Signal, dass Sie von der Arbeitswelt in die private Sphäre wechseln. Versuchen Sie, ein eigenes **Ritual** zu finden, **mit dem Sie symbolisch die Arbeit beenden**, indem Sie beispielsweise bewusst die Tür zum Arbeitszimmer zumachen, sich die Hände waschen gehen oder eine Tasse Tee trinken.
Aufgrund fehlender Sozialkontakte zu ArbeitskollegInnen besteht die Gefahr der Isolation. Keiner kommt mal eben ins Büro, um Neuigkeiten zu erzählen, und es gibt auch keinen kurzen Plausch am Gang. Versuchen Sie, der beruflichen Vereinsamung eigeninitiativ entgegenzuwirken, indem Sie den **Kontakt zu FachkollegInnen pflegen** und Mitglied beruflicher Netzwerke werden.
Als Selbständige sind Sie allein für Ihre Erholungsphasen zuständig – nicht so wie in einer Gemeinschaft, in der es gelegentlich Ablenkungen und Arbeitsunterbrechungen gibt. Vergessen Sie deshalb nicht auf **regelmäßige Pausen**.

Nutzen Sie alle vorhandenen **Beratungs- und Unterstützungsangebote** für Selbständige und auch die Möglichkeit von Gemeinschaftsbüros mehrerer Ein-Personen-Unternehmen.
Genießen Sie die Vorteile der flexiblen Zeiteinteilung und treffen Sie sich auch mal mit einer Freundin zum Frühstück oder für eine morgendliche Sporteinheit.

Übungsvorschlag:
Welche speziellen Lebensumstände prägen mein Leben –
und wie kann ich sie (besser) meistern?

Betrachten Sie Ihre spezielle Situation in einer ruhigen Minute und überlegen sich, welche Änderungen ganz konkret Ihr Leben erleichtern können. Notieren Sie sich Ihre Gedanken samt möglichen Lösungsansätzen und beginnen innerhalb von drei Tagen mit der Umsetzung.

Kurz und knackig:
- Nehmen Sie als Alleinerzieherin sämtliche Hilfsangebote an, die Ihnen zur Verfügung stehen: emotionale Unterstützung ebenso wie finanzielle Beihilfen.
- Nutzen Sie die Zeit, die Ihre Kinder bei ihrem Vater verbringen, als Erholungsphasen und nicht zum Hausputz. Hat sich der Kindesvater komplett zurückgezogen, organisieren Sie sich mindestens einmal pro Woche eine Kinderbetreuung, um eine Ich-Zeit erleben zu können.
- Denken Sie daran: Die Phase der Überlastung hat ein natürliches Ende. Ihr Kind wird erwachsen ☺.

- Sie dürfen auch die Vorteile Ihrer Lebenssituation sehen: Viele Ihrer Entscheidungen können Sie treffen, ohne mit dem Partner Kompromisse eingehen zu müssen.
- Der Schritt in die Selbständigkeit kann ein idealer Berufseinstieg nach der intensiven Familienphase sein. Prüfen Sie allerdings sorgfältig, ob er wirklich zu Ihnen passt.

VII. Selbstmanagement: Eigene Bedürfnisse ernst nehmen

1. Schaffen Sie sich Auszeiten!

Jede Mutter – und jeder Vater – braucht auch einmal Zeit für sich, um abzuschalten und neue Kraft für den Alltag zu sammeln. Gönnen Sie sich diese Ruhephasen! Falls Sie doch einmal das schlechte Gewissen befallen sollte, halten Sie sich vor Augen, dass Ihre Zeit der Entspannung auch Ihren Kindern zu Gute kommt. Wenn Sie zufrieden und ausgeglichen sind, ist auch Ihr Zusammenleben in der Familie harmonischer. Eine gute Mutter ist eine Mutter, der es gut geht!

Es ist sicher nicht leicht, sich Auszeiten auch tatsächlich zu nehmen, da Sie vermutlich viele Aufgaben und Verpflichtungen haben. Räumen Sie den Erholungsphasen trotzdem einen vorrangigen Stellenwert in Ihrem Zeitmanagement ein. Auch ein Auto kann nicht ununterbrochen fahren, sondern braucht zwischendurch Pausen, Benzin und Inspektionen. Und wir sollten uns selbst mehr wert sein als unser Auto.

Gönnen Sie sich einmal pro Woche einen **kinderfreien Abend**. Um Sport zu treiben, mit Ihrem Partner Essen zu gehen oder mit Ihrer Freundin einen Film anzusehen. Nehmen Sie Ihre Bedürfnisse ernst! Betrachten Sie den kinderfreien Abend als einen ebenso notwendigen und unverrückbaren Termin wie einen Arztbesuch.

Genießen Sie auch ein- oder zweimal im Jahr ein **kinderfreies Wochenende** mit dem Partner oder einer Freundin. Haben Sie keine Großeltern, Tanten oder andere, den Kindern vertraute Personen in der Nähe, suchen Sie sich einen Babysitter. Das ist keine Geldverschwendung, sondern dient – siehe oben – der Wartung Ihres Ichs.

Schlafen Ihre Kinder mittags noch, dann nutzen Sie diese Zeit als Pause für sich, und nicht für den Haushalt. Kochen Sie sich einen Tee oder Kaffee, lesen Sie gemütlich die Zeitung oder legen auch Sie sich für eine Weile aufs Ohr. Wenn Ihre Kinder keinen **Mittagsschlaf** mehr machen, versuchen Sie, sie zu ruhigen Tätigkeiten anzuleiten, die sie auch alleine erledigen können. Lassen Sie sie ein Bild malen, eine CD anhören oder ein Puzzle legen.

Haben Sie Freundinnen, Bekannte oder Nachbarinnen mit Kindern im gleichen Alter, die auch froh wären, mehr Zeit für sich zu haben? Dann bieten Sie Ihnen doch einen **Betreuungstausch** an: Jede übernimmt die gesamte Kinderschar für einen Nachmittag pro Woche und gewinnt im Gegenzug freie Stunden für sich.

Sind Sie ein **Morgenmensch**, dann stehen Sie eine halbe Stunde früher auf als nötig und gönnen Sie sich diese Zeit in der Früh ganz für sich allein.

Selbst im stressreichen Mutteralltag gibt es Möglichkeiten, um ein paar Minuten für sich selbst herauszuschlagen. Nutzen Sie diese! Sie müssen beispielsweise Ihrem planschenden Kind in der **Badewanne** nicht die ganze Zeit zuschauen, sondern können daneben auch lesen.

Beispiel aus dem Alltag einer Mutter im Spagat:
Maria hat in der Krabbelgruppe einige gleichgesinnte Mamas kennengelernt. Um auch wieder einmal Erwachsenenzeit zu verbringen, vereinbarten die Mütter, sich jeden ersten Freitagabend im Monat in einem netten Lokal zu treffen. Diese simple Terminfestlegung hat dazu geführt, dass sich die Frauen mittlerweile seit zwei Jahren regelmäßig treffen und so ein bisschen Distanz zum Alltag als Mutter gewinnen.

2. Schlafen Sie sich aus!

Schlaf ist eine Grundvoraussetzung für gute Laune und starke Nerven. Durchwachte Nächte machen Sie missmutig, senken Ihre Belastbarkeit und zerren an Ihrem Nervenkostüm. Schlaf heilt den Körper, polstert die Nerven und die Träume räumen in Ihrer Seele auf. Vom Philosophen Arthur Schopenhauer ist folgender Ausspruch überliefert: „Der Schlaf ist für den ganzen Menschen, was das Aufziehen für die Uhr." Wie viele „Runden" Schlaf Sie brauchen, müssen Sie selbst herausfinden. Auch ein kurzes Mittagsschläfchen von 10 bis 30 Minuten kann Wunder bewirken. Seien Sie jedoch vorsichtig: Dauert die Mittagsruhe zu lange, fallen Sie in eine Tiefschlafphase und mindern Ihre anschließende Leistungsfähigkeit.

In Familien mit kleinen Kindern kann es hilfreich sein, wenn sich die Partner – nach dem Abstillen – **beim Nachtdienst abwechseln**, sodass jeder mindestens zweimal in der Woche durchschlafen kann. Am Wochenende könnte jeder einmal die Frühschicht übernehmen, damit sich der andere ausschlafen kann. Berücksichtigen Sie beim Verteilen der „Kinderdienste" stets den individuellen Biorhythmus der Eltern: Frühaufsteher übernehmen eher die Animation am Morgen, Nachtmenschen erzählen am Abend die unzähligen Geschichten und singen das Baby in den Schlaf.

Es gibt Tage, an denen nicht das Baby, sondern Sie selbst keinen **Schlaf finden**, weil Sie den Stress und die Anspannung des Tages nicht loswerden konnten. Abends liegen Sie noch lange wach und können vor lauter Gedanken, die wie Fledermäuse in Ihrem Kopf herumflattern, keine Ruhe finden. Ein Trick, die Gedankenfledermäuse zu zäh-

men, besteht darin, störende Gedanken in kleine Päckchen zu schlichten und diese zu verschicken. Stellen Sie sich zunächst vor, dass viele Pakete in unterschiedlichen Größen vor Ihnen liegen. Nehmen Sie dann einen störenden Gedanken nach dem anderen, suchen Sie sich ein Päckchen in der passenden Größe aus und legen Ihren Gedanken hinein. Verschnüren Sie das Paket gut und verschicken Sie es dann in eine unbewohnte Wüste oder Polargegend.
Oder Sie setzen störende Gedanken nacheinander auf kleine Wolken und schicken diese in den Himmel.
Irdische Rezepte gegen Einschlafprobleme bestehen entweder aus Entspannungsübungen (siehe Anhang), einem schlaffördernden Tee, warmer Milch mit Honig oder einem beruhigenden Bad.

3. Entspannen Sie sich!
Aus eigener Kraft und ohne pharmazeutische Hilfsmittel Entspannung zu finden und Stress abbauen zu können, zählt zu den ganz wichtigen Fähigkeiten moderner Menschen. Durchforsten Sie den Dschungel Ihres Alltags einmal nach versteckten Entspannungsmöglichkeiten: Da gibt es die Varianten, einen heiteren Familienroman zu lesen, Musik aus Ihrer Jugendzeit zu hören oder einfach spazieren zu gehen. Diese kleinen Inseln der Entspannung im stürmischen Meer der täglichen Pflichten werden **„unsystematische" Wege zur Stressreduktion** genannt, weil sie den Entspannungszustand eher zufällig hervorrufen und nicht in jeder Lebenslage anwendbar sind.
Im Gegensatz dazu gibt es auch eine Fülle von Verfahren, mit denen Entspannung systematisch erreicht werden kann. Während ein- und derselbe Roman Sie einmal zum Lachen anregt, ein andermal aber aufgrund der Parallelen zu Ih-

rem Leben beunruhigt, verfügen **systematische Entspannungsverfahren** über eine verlässlichere Anti-Stress-Komponente.

Abhängig vom Trainingszustand – denn diese Techniken müssen erlernt und eingeübt werden – können Sie damit in kurzer Zeit und in verschiedensten Situationen einen entspannten Zustand herbeiführen. Je nach Ihrer Persönlichkeit und dem Verursacher Ihres Stresses können verschiedene Techniken wie Progressive Muskelentspannung oder Autogenes Training hilfreich sein.

Entspannung ist eine erlernbare Fertigkeit wie Lesen oder Skifahren, die dann auch regelmäßig geübt werden muss. Doch der zeitliche Aufwand dafür lohnt sich! Wenn Sie eine Entspannungsmethode beherrschen, kann das zwei Vorteile bringen: Einerseits erhöht es Ihre Belastbarkeit, senkt Ihr Erregungsniveau und schult Ihre Körperwahrnehmung. Andererseits gewinnen Sie damit das Gefühl, auch Ausnahmesituationen unter Kontrolle bringen zu können, und geraten dadurch von vornherein nicht so leicht in Panik.

Vorschläge für kurze Entspannungsübungen, die Sie auch im Alltag unterbringen, finden Sie im Anhang. Lassen Sie sich inspirieren und finden Sie jene Übungen, die zu Ihnen und Ihrem Alltag passen: Egal ob Sie eher ein handwarmes Augenbad nehmen möchten oder die Welle der Entspannung bevorzugen – Ruhe finden Sie auf viele Arten.

4. Bewegen Sie sich!

Stress lässt Sie regelrecht erstarren. Nicht nur durch zunehmende Muskelspannung, wenn Sie an Ihren verärgerten Chef oder den Stapel unerledigter Wäsche denken, sondern auch durch die Gewohnheit, unter Stress als erstes Ihr übliches Bewegungsprogramm zu reduzieren. Regelmäßige körperliche Betätigung wirkt jedoch sehr entspannend, hebt die Stimmung und das Selbstwertgefühl. Außerdem fördert Bewegung den Schlaf, senkt hohen Blutdruck und stärkt Ihre Widerstandskraft. Weiters regt Bewegung den Abbau von Stresshormonen an, die sich in Zeiten großer Herausforderung ansonsten im gestressten Körper zunehmend ansammeln. Bewegung zählt zu den wirksamsten Stresskillern. Versuchen Sie deshalb, Ihren Alltag aktiver zu gestalten und auch regelmäßig eine Art von Sport zu treiben, die Ihnen Spaß macht. Nehmen Sie die Treppe anstelle des Lifts, fahren Sie mit dem Fahrrad zur Arbeit, buchen einen Tanzkurs oder probieren eine neue Ausdauersportart aus, die Sie schon immer interessiert hat. Achten Sie dabei auf Regelmäßigkeit. Streicheln Sie Ihren inneren Schweinehund, wenn er bellt – und gehen trotzdem jeden Freitag joggen.

Beispiel aus dem Alltag einer Mutter im Spagat:
Sylvia wollte mehr Bewegung in ihren Alltag bringen. Da sie sich immer schon einen Hund gewünscht hatte, entschloss sie sich gemeinsam mit ihrer Familie zu diesem Schritt. Mittlerweile möchte sie die abendlichen Spaziergänge mit Oscar nicht mehr missen und nutzt sie auch, um in Ruhe den Tag gedanklich abzuschließen und den Kopf freizubekommen.

5. Essen Sie sich fröhlich!

Selbst wenn das ungewöhnlich klingen mag: Auch Ihre Ernährungsgewohnheiten beeinflussen Ihre Stimmung nachhaltig. Gefühle sind, nüchtern betrachtet, nichts anderes als chemische und elektrische Prozesse im menschlichen Körper. Damit diese Prozesse reibungslos funktionieren können, braucht der Körper eine **ausgewogene Ernährung** mit viel frischem Obst und Gemüse. Versuchen Sie außerdem, genügend zu trinken, vor allem Wasser und Tee. Fleisch, Zucker und Fertigprodukte sollten Sie Ihrem Körper nur selten und eher in kleinen Portionen zumuten. Durch den gezielten Griff in den Kühlschrank können Sie Ihr Wohlbefinden positiv beeinflussen. Machen Sie trotzdem keine Wissenschaft aus Ihrer Ernährung; der Genuss sollte immer im Vordergrund stehen.

Prinzipiell reduziert jede Art von **genussvollem Essen** Ihr Stressempfinden. Gönnen Sie sich deshalb auch für kleine Zwischenmahlzeiten eine Arbeitspause und schmecken Sie bewusst, was Sie essen. Wie Sie Ihre Genussfähigkeit trainieren können, erfahren Sie bei den Entspannungsübungen im Anhang unter „Das erste Ma(h)l".

Versuchen Sie, gerade in stressigen Zeiten auf eine gesunde und ausgewogene Ernährung zu achten. Nehmen Sie sich trotz aller Hektik Zeit zum Essen. Achten Sie dabei auf Ihr **Hunger- und Sättigungsempfinden** und hinterfragen vor dem Snack zwischendurch, ob Sie gerade nur aus Frust oder zur Motivation zum Schokoriegel greifen. Gönnen Sie sich in diesem Fall lieber eine andere Form von Belohnung: verschnaufen Sie ein paar Minuten auf dem Balkon, hören Ihr Lieblingslied oder pflegen Ihre Hände mit einer duftenden Creme.

Schaffen Sie sich eine **angenehme Essumgebung** mit frischer Luft, warmen Lichtquellen und bunten Tischtüchern. Verbannen Sie Handy und Fernseher konsequent vom Esstisch. Dadurch fördern Sie den Genuss und können besser auf die Sättigungssignale Ihres Körpers achten.

Nehmen Sie sich mindestens einmal täglich Zeit für ein **gemeinsames Familienessen**. Tauschen Sie die Neuigkeiten des Tages aus, verschieben aber heikle Erziehungsgespräche oder Taschengeldverhandlungen auf einen anderen Zeitpunkt.

6. Atmen Sie sich frei!

Zu einer optimalen Stressbewältigung gehört auch eine bewusste Atmung. Sie haben vielleicht selbst schon die Erfahrung gemacht, dass es in manchen Situationen bereits ein wenig Entspannung bringt, wenn Sie einige Male tief durchatmen. Mit der richtigen Atmung können Sie in kurzer Zeit Ihr Stressniveau senken. Generell sind Atemübungen ein erprobter Weg, um die Aufmerksamkeit von außen – und damit auch vom Stress und den Problemen des Alltags – nach innen zu lenken und so ruhiger zu werden. Indem Sie willentlich Ihre Atmung beeinflussen, sie tief und gleichmäßig werden lassen, verbessern Sie Ihr gesamtes Befinden. Eine ruhige Atmung bringt neben Entspannung auch Sauerstoff und Energie in Ihren Körper und hilft ihm beim Entgiften.

Im Alltag atmen wir häufig zu flach und zu schnell, wodurch unsere Muskulatur nur unzureichend mit Sauerstoff beliefert wird und nicht effektiv arbeiten kann. Atemübungen dienen also auch dazu, Ihren Körper bestmöglich zu versorgen.

Versuchen Sie, durch die Nase zu atmen. Dadurch wird die Atemluft gereinigt, vorgewärmt und befeuchtet. Ihr Ziel sollte sein, möglichst tief in den Bauch zu atmen. Entsprechende Anleitungen für Atemübungen finden Sie im Anhang.

7. Kommen Sie zur BeSINNung!

Schaffen Sie sich Inseln der Ruhe in Ihrem Alltag, indem Sie aufmerksam beobachten, was Ihnen das Leben bietet.

Bewusste Genusserlebnisse führen dazu, dass wir innehalten, achtsam werden und den Gedankenstrom im Kopf für kurze Zeit stoppen können. Versuchen Sie immer wieder, die Eindrücke all Ihrer Sinne wahrzunehmen. Wenn Sie essen, dann schmecken Sie bewusst, schauen aber auch aufmerksam auf die liebevoll angerichteten Speisen und riechen deren Duft. Wenn Sie duschen, fühlen Sie den warmen Wasserstrahl auf Ihrer Haut und nehmen zugleich das Aroma Ihres Lieblingsduschgels bewusst wahr.

Bewusstes Genießen macht zufrieden und baut nebenbei auch noch Stress ab. Riechen, hören, sehen, schmecken und fühlen Sie das Leben, wie es sich Ihnen bietet und steigern Sie damit Ihr Wohlbefinden.

Beispiel aus dem Alltag einer Mutter im Spagat:
Marianne lässt sich in punkto Gelassenheit von ihrer Katze inspirieren. Gerne beobachtet sie sie beim Schlafen und spürt, wie sich die Ruhe des Tieres auf sie selbst überträgt. Streichelt sie die Katze, fühlt sie bewusst deren seidiges Fell und lauscht dem sanften Schnurren. Mensch und Katze geben sich so voll dem Genuss hin.

Lassen Sie Entspannung auch durch Ihr Ohr kommen. **Musik** beeinflusst Ihre Herzfrequenz, Ihre Atmung und Ihre Stimmung. Genießen Sie Musik daher auch als Kraftquelle für Ihre Seele. Achten Sie bewusst darauf, welche Songs oder Symphonien Sie in angenehme Stimmung versetzen, und halten Sie diese für den Notfall griffbereit. Mit flotter Gute-Laune-Musik lässt sich schließlich auch lästige Hausarbeit beschwingter erledigen.

Auch Singen tut Ihrer Psyche gut und hilft Ihnen, Stress abzubauen. Dabei ist es nicht wirklich wichtig, ob Sie den richtigen Ton treffen oder nicht. Allein die Tätigkeit des Singens löst Spannungen und fördert eine tiefe und rhythmische Atmung.

Ein Ohrenschmaus der besonderen Art kann auch ein Lauschspaziergang mit Ihrer Familie sein, bei dem Sie einander auf verschiedenste Geräusche aufmerksam machen: Wo ächzt ein alter Baum, gurgelt ein Bach oder zwitschert ein Jungvogel?

Angenehme **Düfte** können ebenfalls unsere Stimmung heben und für ein gesteigertes Wohlbefinden sorgen. Denken Sie an Ihren Lieblingsgeruch – trocknendes Heu, Orangenöl oder frisch gemahlener Kaffee – und Sie wecken damit positive Erinnerungen und fühlen sich gleich entspannter.

Auch eine Massage oder ein entspannendes Bad lässt sich mit Düften intensivieren. Verabschieden Sie sich vor der Badezimmertür von Kälte und Stress und versinken dann genüsslich in der warmen Wanne. Lavendelöl beispielsweise beruhigt und schenkt einen tiefen Schlaf, Eukalyptus befreit die Atemwege, Meersalz macht die Haut zart und Apfelessig belebt die Sinne.

Gönnen Sie sich mindestens einmal im Monat ein großes **Verwöhnprogramm zuhause**. Schicken Sie die Kinder mit ihrem Papa ins Kino oder zu einem Besuch bei den Großeltern. In dieser Zeit schalten Sie, wenn das technisch möglich ist, sowohl das Telefon als auch die Türklingel ab. Für zwei oder drei Stunden kann sich die Welt auch mal ohne Sie weiter drehen. Machen Sie es sich richtig gemütlich und verwöhnen Sie sich selbst nach Strich und Faden. Mit einem wohlig warmen Bad, einem ausgedehnten Peeling, einer Tasse Tee, Kerzenschein, einem Glas Wein oder einem Buch, das Sie auf völlig andere Gedanken bringt. Machen

Sie Ihr Zuhause zum Wellness-Tempel und tanken Sie hier Kraft und Energie.

8. Geteiltes Leid ist halbes Leid!

Jeder braucht Menschen, die ihn unterstützen und denen er sich anvertrauen kann. Gute Freunde sind – gerade wenn man Kinder hat – sehr wichtig. Sie hören uns zu, teilen unsere Freude wie unseren Kummer und bringen uns auf neue Gedanken. Umgeben Sie sich mit Menschen, die Ihnen gut tun und die Sie liebevoll unterstützen!

Suchen Sie sich **Gleichgesinnte**. Oft eröffnet ein Gespräch unter Müttern eine neue Perspektive auf Erziehungsprobleme, kindliche Stimmungsschwankungen oder andere Herausforderungen. Gibt es in Ihrem Freundeskreis keine gleichaltrigen Kinder, nutzen Sie jede Gelegenheit, Menschen mit Nachwuchs im Alter Ihrer Kinder kennen zu lernen: Gehen Sie zum Babyschwimmen, zum Eltern-Kind-Turnen oder in ein Familiencafé. Ein starkes soziales Netz hilft bei der Stressbewältigung und stellt einen wichtigen Schutzfaktor für Ihre seelische Gesundheit dar.

Egal ob Sie auf der Suche nach Kinderbetreuungsmöglichkeiten, Kinder-Flohmärkten oder Spielgruppen sind, fragen Sie Mütter in Ihrer Nachbarschaft oder hängen Sie im Kindergarten, in der Schule oder im Supermarkt einen Zettel mit Ihrer **Suchanfrage** auf. Möglicherweise finden Sie auf diesem Weg nicht nur einen Babysitter und günstiges Kindergewand, sondern auch Freundinnen für's Leben…

9. Machen Sie sich Ihre Stärken bewusst!

Besonders wenn wir gestresst sind denken wir, andere wären schneller, begabter oder glücklicher als wir. Anstatt mit dieser Wahrnehmungsverzerrung Ihr Selbstwertgefühl zu reduzieren, sollten Sie versuchen, sich Ihrer Vorzüge bewusst zu werden und Kraft aus Ihrer Individualität zu ziehen. Je stärker und kompetenter Sie sich fühlen, desto leichter fällt Ihnen die Bewältigung von Herausforderungen im Alltag. Ihr Selbstwert basiert darauf, dass Sie sich mit allen Schwächen – vor allem aber Stärken – annehmen und an sich selbst glauben.

Übungsvorschlag: Die starke Hand

Diese Übung ist sehr gut dafür geeignet, Ihren Selbstwert zu stärken und Ihren Blick auf Ihre Fähigkeiten und Begabungen zu lenken. Legen Sie eine Ihrer Hände auf ein Blatt Papier und ziehen Sie mit einem Stift Ihre Finger nach. Anschließend schneiden Sie Ihre abgezeichnete Hand aus.

Schreiben Sie nun in jeden Finger, was gerade *Sie* auszeichnet. Ihre Stärken können sich sowohl auf die Arbeit als auch auf Ihr Privatleben beziehen. Von der guten Zuhörerin bis zur kreativen Tortenbäckerin ist hier alles möglich. Überlegen Sie sich, was Sie besonders gut können und worauf Sie stolz sind.

Anschließend hängen Sie Ihre beschriftete Hand an einem zentralen Ort auf. Ein regelmäßiger Blick auf Ihre starke Hand und das bewusste Wahrnehmen Ihrer Stärken trainieren Ihr Selbstwertgefühl.

Sie können diese Übung auch mit den Stärken Ihrer Kinder durchführen oder sich von Ihren Kindern eine Hand gestalten lassen.

10. Achten Sie auf unscheinbare Details!

Lüften Sie regelmäßig und verbringen möglichst viel Zeit im Freien. **Sonnenlicht** regt die Ausschüttung des Glückshormons Serotonin an. Außerdem reguliert Licht unsere innere Uhr, die den Schlaf und die Hormonproduktion steuert.

Wenn Sie in der Früh mehr Zeit benötigen, um in die Gänge zu kommen, kurbeln Sie morgens Ihren **Kreislauf** an: Dehnen und strecken Sie sich noch im Bett und gähnen ein paar Mal ausgiebig. Machen Sie dann eine belebende Bürstenmassage oder nehmen eine Wechseldusche. Sie können auch kaltes Wasser über Ihre Unterarme laufen lassen. Das regt den Kreislauf genauso effektiv an wie eine große Tasse Kaffee. Erklären Sie Ihrer Familie Ihr morgendliches Bedürfnis nach Ruhe und Langsamkeit und bitten Sie um Verständnis dafür.

Lächeln Sie! Verhaltensforscher haben herausgefunden, dass nicht nur die Gefühle für unseren Gesichtsausdruck verantwortlich sind, sondern auch künstlich inszenierte Mimik Gefühle erzeugen kann. Eine Minute Lächeln hebt spürbar die Stimmung. Probieren Sie es doch gleich einmal aus! Übrigens: Ihr Gehirn erkennt dabei nicht, ob Ihr Lächeln aufgesetzt ist oder von Herzen kommt.

Versuchen Sie, Ihren Alltag mit **Humor** zu würzen. Lachen entspannt, schafft Distanz zu Problemen und fördert das Finden neuer Lösungsansätze. Außerdem stärkt Humor Ihre Abwehrkräfte und vertreibt die Stresshormone aus Ihrem Blut. Legen Sie sich vorbeugend eine Humorapotheke an: Statt Salben, Pillen und Tinkturen enthält diese witzige Sprüche, Comics, Bilder, Filme, Bücher oder Lieder.

Erstellen Sie Ihre persönliche **Wohlfühlliste**. Darauf notieren Sie, was Sie am liebsten in Ihrer Freizeit tun. Was macht Sie wirklich glücklich und zufrieden? Wobei tanken Sie am besten neue Kräfte und was verschafft Ihnen einen ordentlichen Vorrat an Energie? Versuchen Sie, an jedem Tag Zeit für eine dieser Aktivitäten freizuschaufeln.

Führen Sie ein **Tagebuch**. Das ermöglicht Ihnen, Gefühle zum Ausdruck zu bringen und sich Probleme und Sorgen von der Seele zu schreiben. Auf diese Weise gewinnen Sie neue Perspektiven oder Handlungsmöglichkeiten, beispielsweise wenn Sie in Ihrem Tagebuch zurückblättern und nachlesen können, wie Sie schon einmal eine ähnliche Situation gemeistert haben. Oft hilft auch bereits die Tatsache, dass Sie sich die Zeit genommen haben, um alles in Ruhe aufzuschreiben, und Sie sehen Ihr Leben mit neuen Augen.

Nutzen Sie die Kraft kluger Sprüche. Schreiben Sie **Lebensweisheiten** auf Haftnotizzettel und platzieren diese überall dort, wo Sie immer wieder einmal hinschauen: auf dem Badezimmerspiegel, in Ihrem Kalender, über dem Herd oder auf der Toilettentür.

Basteln Sie sich eine **Schatz-Schachtel** für schwache Momente. Füllen Sie einen Schuhkarton oder eine Schublade Ihrer Wäschekommode mit ausgewählten persönlichen Kostbarkeiten, die Ihnen ein gutes Gefühl vermitteln und Energie geben. Achten Sie darauf, dass es sich dabei ausschließlich um Dinge handelt, die Ihnen angenehme und aufbauende Gefühle verschaffen. Überlegen Sie sich: Was stimmt Sie fröhlich? Bei welchem Anblick fühlen Sie sich reich und glücklich? Welcher Duft oder Geschmack vermittelt Ihnen Geborgenheit? Vielleicht liegen in Ihrer Schatzschachtel Dinge, an denen schöne Erinnerungen hängen: ein wohlgeformter Stein, den Sie vom vergangenen Urlaub mit nach Hause genommen haben, die erste abgeschnittene Haarlocke Ihres Kindes oder eine besonders liebevoll formulierte Postkarte.

Lassen Sie Ihrer **Kreativität** freien Lauf. Aktivitäten wie Malen, Töpfern oder Gärtnern lassen Sie für einen Moment alles andere vergessen. Im kreativen Ausdruck finden Sie möglicherweise ein ungeahntes Ventil für starke Gefühle.

Legen Sie am Wochenende einen **handyfreien Tag** ein und genießen es bewusst, nicht erreichbar zu sein.

Lernen Sie jonglieren. Vor einiger Zeit erklärte mir ein Seminarleiter, wer im Alltag mit vielen Herausforderungen jonglieren müsse, tue gut daran, sich auch im Jonglieren mit Bällen zu üben. Das trainiere die Reaktionsgeschwindigkeit, die Konzentrationsfähigkeit und das Koordinationsvermögen und fördere das Improvisationstalent. Damit werden also jene Kompetenzen erweitert, die nicht nur im Zirkus, sondern auch im Alltag von Müttern im Spagat unentbehrlich sind.

Probieren Sie es aus: Schnappen Sie sich zwei weiche Bälle, die gut in Ihre Hand passen, oder zwei Tücher – und los geht´s.

Planen Sie Ihren Urlaub längere Zeit im Voraus. Auch wenn das Buchen des Urlaubs in letzter Minute spannend und vielleicht auch kostengünstiger sein kann, schenken Sie sich durch frühzeitige Urlaubspläne eine große Portion Vorfreude. So können Sie gemeinsam mit Ihrer Familie schon konkrete Ausflüge und Aktivitäten planen und in besonders stressigen Momenten in Gedanken schon einmal an Ihren Urlaubsort reisen.

Betrachten Sie Ihre **Fotoalben**. Wenn Sie sich für zehn Minuten Fotos ansehen, auf denen Sie schöne Augenblicke festgehalten haben, so ist das eine angenehme Gelegenheit, gedanklich zu verreisen und die schönen Momente Ihres Lebens in den Vordergrund zu rücken.

Wenn Sie das Gefühl haben, den Anforderungen Ihres Lebens nicht mehr gewachsen zu sein, scheuen Sie sich nicht, sich **Unterstützung** bei einer Psychologin, Therapeutin, Ärztin oder einem Pfarrer zu suchen. Manche Situationen lassen sich nicht aus eigener Kraft bewältigen und selbst liebevolle Angehörige gelangen bei größeren Herausforderungen an den Rand ihrer Kräfte. Zudem sind Familienmitglieder oder Freunde häufig auch Beteiligte in Ihren Konfliktsituationen.

Übungsvorschlag: Mein neues Ich

Notieren Sie sich, welche Vorschläge aus diesem Kapitel Ihnen gefallen haben: Ernährungsumstellung, Tagebuch schreiben oder mehr schlafen – was auch immer. Halten Sie gleich schriftlich fest, wie Sie die Ideen in die Praxis umsetzen könnten, damit es Ihrem Körper und Ihnen gut geht. Erstellen Sie einen Zeitplan und malen sich möglichst konkret aus, wie die geplante Veränderung Ihr Leben bereichern wird.

Kurz und knackig
- Räumen Sie Ihren persönlichen Auszeiten ebenso viel Priorität ein wie einem Arztbesuch.
- Besinnen Sie sich auf die elementaren Freuden des Lebens: Schlafen Sie regelmäßig, essen Sie mit Genuss und bewegen Sie sich ausreichend.

- Spüren Sie Ihr Leben so oft wie möglich mit allen Sinnen: Hören, riechen, schmecken, tasten und sehen Sie, als wäre es das erste Mal.
- Sprechen Sie mit anderen Müttern und Freundinnen über Ihre Alltagssorgen. So gewinnen Sie neue Perspektiven.
- Haben Sie das Gefühl, den aktuellen Anforderungen Ihres Lebens gar nicht mehr gewachsen zu sein, holen Sie sich professionelle Hilfe. Sie müssen nicht alles alleine schaffen.

Zum Schluss

Ich hoffe, Sie fühlen sich nach der Lektüre dieses Buches besser trainiert, um den Spagat zwischen Beruf und Familie zu schaffen! Suchen Sie sich nur jene Anregungen und Übungen aus der Fülle meiner Vorschläge heraus, die zu Ihrem Leben passen. Geben Sie sich ausreichend Zeit, um neue Gewohnheiten zu entwickeln und nehmen sich immer nur wenige Änderungen vor. Damit steigt die Chance, dass Sie Ihr Vorhaben konsequent umsetzen – und Sie haben die Erfolgserlebnisse, die Sie als Motivationsschub benötigen.
Doch auch mit guter Organisation und optimaler Unterstützung werden Sie Zeiten erleben, in denen es drunter und drüber geht. Lassen Sie sich dadurch nicht entmutigen, sondern versuchen Sie, in diesen Zeiten alles wegzulassen, was nicht unbedingt sein muss. Vereinfachen Sie Ihr Leben, wo immer es möglich erscheint. Akzeptieren Sie aber auch ein für alle Mal, was unveränderlich ist.
Die Achtsamkeit bei der Einordnung unangenehmer Situationen in *veränderbar* oder *unveränderlich* wird Sie davor bewahren, gesellschaftliche Entwicklungen mitverantworten zu wollen, die Sie als Einzelperson nur wenig beeinflussen können. Denn die Verbesserung der Lebensbedingungen für berufstätige Eltern erfordert noch viele Veränderungen in unserer Gesellschaft und Arbeitswelt. Hoch an der Zeit wären eine angemessene Wertschätzung der Familienarbeit, die Anpassung der Arbeitszeiten an die Bedürfnisse von Familien, eine gerechte Neugestaltung der Geschlechterrollen, qualitativ hochwertige Kinderbetreuungs- und Bildungseinrichtungen und – nicht zuletzt – Toleranz für individuelle Lebensentscheidungen.

Trotz der Belastungen, die Sie als Mutter im Spagat tagtäglich erfahren, ist eines unumstritten: Die Anforderungen, die an Sie gestellt werden, wecken in Ihnen ungeahnte Talente und erweitern Ihren Horizont. Sie lernen, Zeit perfekt einzuteilen, ein Team geschickt zu führen – Sie koordinieren immerhin Mutter, Vater, Kinder, ArbeitskollegInnen, KinderbetreuerInnen und Freunde – , mit Personalengpässen umzugehen, Konflikte zu lösen und belastbar, kreativ und flexibel zu agieren.

Halten Sie sich vor Augen: Damit verfügen Sie über genau jene Fähigkeiten, die auch Top-Manager für ihren Job brauchen. Nutzen Sie diese Fertigkeiten, aber auch die Freiheiten, die Sie als Familienmanagerin haben. Gestalten Sie Ihren Alltag nach Ihren Vorstellungen und vergessen Sie dabei niemals:

„Eine gute Mutter ist eine Mutter, der es gut geht!"

Dank

Folgenden Personen, ohne die mein Buch niemals in Ihre Hände gelangt wäre, möchte ich danken:
Ursula Jungmeier-Scholz hat mit ihrer wunderbaren sprachlichen Ausdrucksfähigkeit und ihrem Talent, Bilder vor dem inneren Auge entstehen zu lassen, mit viel Fingerspitzengefühl und nicht zuletzt durch ihre eigenen Erfahrungen meine Texte weiterentwickelt und mich mit ihrem Optimismus und Weitblick unterstützt.
Ohne die ermunternde Beratung von Magda Bleckmann und Helga Kernstock-Redl stünde mein Buchprojekt heute noch auf meiner To-do-Liste. Die beiden gaben mir den entscheidenden Anstoß dazu, aus meiner Idee etwas Handfestes zu machen.
Wolfgang Hölzl und der Leykam Verlag ermöglichten mir schließlich, meinen großen Traum zu verwirklichen.
Mein Ehemann Olf hat mich immer ermutigt, meinen Weg zu gehen – auch wenn er dafür manchmal seine eigenen Bedürfnisse zurückstecken musste.
Besonders danke ich meinen Töchtern Lena und Emma, die mein Leben Tag für Tag mit lustigen, kuscheligen, abenteuerlichen, entspannten und bunten Momenten füllen, und die mich immer wieder dazu bringen, mich weiterzuentwickeln. Sie machen mich zur bestmöglichen Mutter, die ich sein kann.
Danken möchte ich auch meinen Eltern, die immer zur Stelle sind, wenn ich sie brauche. Egal ob es um den Aufbau unseres Weidenhäuschens geht, um die Pflege der Meerschweinchen während des Sommerurlaubs oder um akute Kinderbetreuungsnotfälle.

Zum Schluss gilt mein besonderer Dank jenen Müttern im Spagat, deren praktische Beispiele mein Buch bereichern; insbesondere Margit, Monika, Nada, Tina und Tiziana, die das Kapitel über die Alleinerzieherinnen durch die Schilderung ihrer Erfahrungen so lebensnah mitgestaltet haben.

Anhang 1: Übungen

Wochenplan:

Führen Sie einmal eine Zeitlang einen Wochenplan und gewinnen Sie auf diese Weise ein Gefühl dafür, wie lange Sie für verschiedene Tätigkeiten benötigen. Dieses Zeitprotokoll zeigt Ihnen einerseits, wohin Ihre Zeit verschwindet, und andererseits, wieviel Sie leisten. Außerdem hilft es Ihnen dabei, zukünftig Ihre Zeitplanung realistischer zu gestalten. Der Aufwand lohnt sich auf jeden Fall!

ZEIT	Montag	Dienstag	Mittwoch	Donnerstag	Freitag	Samstag	Sonntag
6 – 7							
7 – 8							
8 – 9							
9 – 10							
10 – 11							
11 – 12							
12 – 13							
13 – 14							
14 – 15							
15 – 16							
16 – 17							
17 – 18							
18 – 19							
19 – 20							
20 – 21							

Welche Erkenntnisse gewinne ich aus meinem Wochenplan?

Überlegen Sie bitte nun, wie Sie die Beobachtungen des Wochenplans in Ihre zukünftige Zeitplanung einfließen lassen können und halten Sie Ihre Erkenntnisse gleich schriftlich fest.

Mit welchen Tätigkeiten verbringe ich zuhause die meiste Zeit?

Mit welchen Tätigkeiten verbringe ich bei der Arbeit die meiste Zeit?

Welche Aktivitäten kommen häufig zu kurz?

Wo könnte ich Zeit einsparen?

Jahresplanung:

Nehmen Sie sich zu Jahresende oder zum Jahresbeginn ein wenig Zeit, um Ihre Ziele für das kommende Jahr festzulegen und deren Umsetzung zu planen. Berücksichtigen Sie dabei alle Lebensbereiche, die Ihnen wichtig sind, wie Kinder, Partner, Arbeit, die eigene Person, Ihre Kontakte und Ihre Gesundheit:

Mein Spagat im Bereich ...

Kinder
Wie läuft es derzeit?
Was möchte ich verändern?

Partner
Wie läuft es derzeit?
Was möchte ich verändern?

Arbeit
Wie läuft es derzeit?
Was möchte ich verändern?

Eigene Person
Wie läuft es derzeit?
Was möchte ich verändern?

Soziale Kontakte
Wie läuft es derzeit?
Was möchte ich verändern?

Körper/Gesundheit
Wie läuft es derzeit?
Was möchte ich verändern?

Anhang 2:
Entspannungsübungen: Von der Welle der Entspannung bis zum Mini-Urlaub

1. Mein heutiger Tag: Entspannung bevor es losgeht

Als Mutter erleben Sie an jedem einzelnen Tag eine ganze Menge. Nur einige wenige Dinge merken Sie sich gut genug, um sie am Abend dem Partner oder einer Freundin zu erzählen. Zahlreiche kleine Erlebnisse verschwinden aus Ihrem Bewusstsein. Aber gerade diese vermeintlichen Kleinigkeiten geistern oft später in Ihrem Kopf herum. Sie sind es, die Sie daran hindern, geistig abzuschalten, wenn Sie zur Ruhe kommen wollen.

Finden Sie aus dem Labyrinth der Gedanken einmal nur schwer heraus, kann Ihnen die folgende Übung den Weg weisen: Nehmen Sie eine bequeme Haltung ein und schließen Ihre Augen. Gehen Sie nun mit Ihrer Aufmerksamkeit an den Morgen zurück und erinnern sich an den Augenblick des Erwachens, daran wie Sie ins Bad gegangen sind… Gehen Sie Moment für Moment in allen Details durch, bis zu dem Zeitpunkt, an dem Sie sich jetzt befinden, und schließen Sie auch mit jenen Situationen Frieden, die nicht optimal gelaufen sind.

Übrigens: Nur weil diese Übung *Mein heutiger Tag* heißt, müssen Sie sie nicht erst am Abend durchführen. Schon bis zum späten Vormittag haben Sie so viele Dinge erlebt, dass diese Übung einen Sinn ergibt.

2. Ohrenspitzen! Stilleübungen für den Alltag

Welche Gefühle verbinden Sie mit Stille? Einkehr – oder vielmehr das Verbot zu sprechen? Stille hat viele Gesichter – vom Geschenk bis zur Einschränkung. Welche Vorerfahrungen Sie auch mitbringen mögen: Stilleübungen versuchen, die positiven Qualitäten von Stille zum Vorschein zu bringen. Stille wird dabei nicht einfach als Abwesenheit von Geräuschen, sondern als Erlebnisraum verstanden, in dem Dinge gesehen, gehört, geschmeckt und gefühlt werden können, die sonst im Trubel des Alltags untergehen. Stille weckt Ihre Achtsamkeit und Ihre Fähigkeit zur Meditation.

Stecknadel hören
Die sprichwörtliche Stecknadel fallen zu hören ist eine Stilleübung für Gruppen. Sie beeindruckt beileibe nicht nur Kinder.
Dabei werden die Teilnehmerinnen und Teilnehmer gefragt, ob sie glauben, eine fallende Nadel hören zu können. Anschließend machen alle die Augen zu und die Stecknadel wird fallen gelassen. Diese Übung zeigt, wie fein das menschliche Gehör eigentlich ist und wie viele Geräusche wir im Alltag ausblenden, weil wir selbst oder die Welt um uns zu laut sind.

Das offene Fenster
Öffnen Sie ein Fenster, schließen Sie die Augen und richten Ihre Konzentration ausschließlich auf das, was Sie hören. Versuchen Sie, sich die verschiedenen Geräusche zu merken. Wenn Sie diese Übung mit Kindern durchführen, können Sie hinterher auch die gemachten Erfahrungen austauschen. *Das offene Fenster* eignet sich gut, um kurzfristig abzuschalten und Abstand zu gewinnen.

Zeit erleben
Erleben Sie, wie lange sich eine Minute anfühlen kann.

Dazu verfolgen Sie zunächst den Sekundenzeiger Ihrer Uhr eine Minute lang mit den Augen und versuchen, dabei an nichts Bestimmtes zu denken. Anschließend probieren Sie mit geschlossenen Augen, eine Minute lang still zu sitzen. Sobald Sie das Gefühl haben, die Minute sei um, öffnen Sie die Augen und kontrollieren auf der Uhr, wie viel Zeit wirklich vergangen ist. Wird die Übung in einer Gruppe durchgeführt, hebt jeder die Hand, der glaubt, die Minute sei vorüber.

3. Aktivierungsübung: Der Aufwach-Specht

Diese Übung eignet sich hervorragend für Morgenmuffel als sanfter Start in den Tag. Sie macht wach und wirkt belebend auf Körper und Seele. Den *Aufwach-Specht* mögen auch viele Kinder gerne.

Stellen Sie sich aufrecht hin und fangen Sie an, mit Ihren Händen, die Sie zu lockeren Fäusten geballt haben, ihren Kopf zu beklopfen. Nehmen Sie sich so viel Zeit, wie Ihnen gut tut, und klopfen Sie so fest, wie es Ihnen angenehm ist. Haben Sie den Kopf wach geklopft, dann fahren Sie beim Hals und den Schultern fort. Klopfen Sie dann Stück für Stück Ihren ganzen Körper wach.

Spüren Sie anschließend in Ihren Körper hinein: Welche Zonen fühlen sich nun anders an – pulsieren sie, kribbeln sie oder haben sie sich erwärmt? Recken und strecken Sie sich zum Abschluss ausgiebig.

4. Die Welle der Entspannung

Mit dieser Übung können Sie rasch und in den verschiedensten Situationen Entspannung finden.

Spannen Sie sämtliche Muskeln hintereinander kurz und vorsichtig an. Beginnen Sie bei den Zehen und wandern

Sie über die Waden, Oberschenkel, Gesäß, Arme, Bauch, Oberkörper, Brust, Schultern zum Gesicht. Halten Sie die Spannung für ein paar Sekunden.

Lassen Sie anschließend die Muskeln nacheinander wieder los. Spüren Sie, wie eine Welle warmer Entspannung durch Ihren Körper fließt, ausgehend von Ihrem Kopf. Lassen Sie die Entspannungswelle über Ihren Hals rollen, die Arme, Schultern, Rücken, Beine und Füße. Spüren Sie, wie die Spannung mit jeder einzelnen Welle aus Ihren Muskeln gespült wird.

Spannen Sie dann Ihren Körper erneut an und entspannen Sie ihn mit einer weiteren Welle. Wiederholen Sie die Übung drei bis vier Mal.

5. Atemübung: Zwei-Silben-Mantra

Atemübungen dienen dazu, den Atemvorgang bewusst zu machen und zu intensivieren.

Legen Sie sich am besten auf den Rücken und schließen Sie die Augen.

Beobachten Sie einige Atemzüge lang, wie die Luft ein- und ausströmt. Beobachten Sie den Atem einfach nur, ohne ihn verändern zu wollen. Atmen Sie durch die Nase ein und aus.

Nach einiger Zeit legen Sie eine Hand auf den Bauch. Spüren Sie, wie sich die Hand durch den Atem auf und ab bewegt. Achten Sie beim Ausatmen darauf, dass der gesamte Lungeninhalt ausfließt, um genug Raum für die frische und sauerstoffreiche Luft zu schaffen.

Sprechen Sie nach einer Weile bei jedem Ausatmen langsam in Gedanken immer dasselbe zweisilbige Wort, zum Beispiel *Ruhe, Wärme* oder *Freude*.

6. Stopp-Übung
Mit dieser Atemübung können Sie schnell und effizient Stress abbauen. Sobald eine stressige Situation oder ein negativer Gedanke Gestalt annehmen, sagen Sie innerlich deutlich *stopp* oder stellen sich in Gedanken ein Stoppschild vor. Dann setzen oder stellen Sie sich ganz locker aufrecht hin, ziehen die Schultern bis zu den Ohren hoch und halten dann für 10 bis 15 Sekunden den Atem an. Die Arme hängen dabei locker neben dem Oberkörper.
Lassen Sie dann die Schultern entspannt nach unten fallen und atmen Sie dabei kräftig aus.

7. Farben atmen
Setzen oder legen Sie sich in einer bequemen Position hin und achten Sie mit geschlossenen Augen auf Ihren Atem. Stellen Sie sich nun bei jedem Ausatmen vor, wie Ihre Aufregung, Ihr Ärger oder Ihre Angst mit der Luft aus Ihrem Körper geblasen werden. Anstelle der Aufregung finden nun Ruhe und Kraft Platz in Ihrem Bauchraum. Sie können den Gefühlen, die Sie wegatmen möchten, auch eine Farbe geben. Stellen Sie sich vor, wie grellpinke oder schmutziggraue Luft Ihren Körper verlässt und stattdessen der frische, klare Atem hereinströmt.

8. Große Atemübung für geerdete Typen
Wenn Sie gerne mit beiden Beinen fest im Leben stehen, probieren Sie einmal die folgende Übung: Stehen Sie in stabiler Position mit hüftbreit gespreizten Beinen. Strecken Sie die Knie nicht ganz durch, sondern lassen sie ein wenig locker. Fühlen Sie bewusst, wie Ihre Füße den Boden berühren. Lassen Sie die Schultern sanft fallen und halten den Kopf gerade. Drehen Sie nun Ihre Handflächen nach au-

ßen. Heben Sie beide Arme ausgestreckt nach oben, bis sie sich über Ihrem Kopf berühren. Dabei atmen Sie ruhig ein und stellen sich vor, wie Sie frischen Sauerstoff aufnehmen. Atmen Sie deutlich hörbar durch den Mund aus. Drehen Sie dabei Ihre Hände wieder nach außen und führen Sie diese dann wieder nach unten. Stellen Sie sich dabei vor, wie Sie Kohlendioxid abgeben. Finden Sie Ihren eigenen Atemrhythmus.

9. Das erste Ma(h)l
Versuchen Sie, dem Leben so unvoreingenommen zu begegnen wie ein Neugeborenes. Nehmen Sie sich beispielsweise ein Stückchen Schokolade (☺), riechen Sie daran, ertasten Sie, wie es sich anfühlt, achten Sie auf seine Form und darauf, was in Ihnen vorgeht. Dann geben Sie die Schokolade in den Mund, spüren, wie sie sich an unterschiedlichen Orten anfühlt, pressen sie sanft gegen den Gaumen und lassen sie dann ganz langsam schmelzen.

Sie können diese Übung mit Lebensmitteln unterschiedlichster Geschmacksrichtungen und Konsistenzen durchführen. Wann immer Sie daran denken, kosten Sie die ersten Bissen Ihrer Mahlzeit, als hätten Sie noch nie Erdbeeren, Kartoffelpüree oder Butterbrot gegessen.

10. Partnerübung: Unter den Stacheln des Igels
Diese Übung lässt sich auch schon mit kleinen Kindern durchführen. Eine Person legt sich auf den Rücken oder Bauch und schließt die Augen. Die andere nimmt einen Igelball und rollt ihn langsam über den Körper des Liegenden.
Der liegende Partner versucht, den Ball in Gedanken über seinen Körper wandern zu sehen und ihn genau zu lokalisieren.

Diese Übung entspannt nicht nur, sondern verschafft Ihnen eine neue, intensivere Art der Körperwahrnehmung.

11. Pizza backen: Der Kinderhit

Eine einfache, aber abwechslungsreiche Massageübung, die sowohl Kindern als auch Erwachsenen Spaß macht.
Der Rücken des Kindes wird mit beiden Händen wie ein Pizzateig geknetet. Wer will, kann Nacken, Arme, Beine und Fußsohlen mit einbeziehen. Dann wird der Teig ausgewalkt und mit der flachen Hand in kreisenden Bewegungen Tomatensauce auf die Pizza gestrichen.
Anschließend belegen Sie die Pizza nach Lust und Laune: mit Oliven (Punkte auf den Rücken tupfen), mit Salami (mit dem Finger Kreise auf den Rücken malen) und zuletzt mit Käse, wobei Sie mit Ihren Fingerkuppen sanft auf den Rücken trommeln.
Dann kommt die Pizza in den warmen Ofen. Reiben Sie beide Hände fest aneinander, bis sie schön warm sind und lassen sie anschließend auf dem Rücken ruhen.
Ist die Pizza fertig, holen Sie sie aus dem Ofen, indem Sie einige Male mit den Handinnenflächen über den gesamten Rücken streichen.
Sowohl die Zubereitungsart als auch der Pizzabelag können individuell gestaltet werden – lassen Sie Ihrer Phantasie freien Lauf!

12. Recken, strecken, Lebensgeister wecken

Wenn Sie merken, dass Ihre Aufmerksamkeit nachlässt, Sie einen kleinen Durchhänger haben oder sich schlapp fühlen, nehmen Sie sich zwei Minuten Zeit für sich selbst. Öffnen Sie das Fenster und atmen ein paarmal tief ein und aus. Stellen Sie sich vor, wie Sie beim Ausatmen alle Müdigkeit

und jeden Ärger weit weg schicken und beim Einatmen neue Energien tanken.
Nehmen Sie sich dann einen Moment, um sich zu recken, zu strecken und zu dehnen. Gähnen Sie ausgiebig und machen einige Kniebeugen oder tanzen durch den Raum.
Sie werden sehen, wie selbst diese kleinen, gewöhnlichen Bewegungen neue Lebensgeister in Ihnen wecken.

13. Schulterkreisen

Diese Übung eignet sich wunderbar für den Büroalltag, zum einen, weil sie ohne weitere Hilfsmittel im Sitzen auszuführen ist, zum anderen, weil sie typischen Haltungsschäden bei der Büroarbeit entgegenwirkt. Sie stärkt die Durchblutung im Schulter-Nacken-Bereich und löst Verspannungen. Setzen Sie sich auf einen Stuhl und rutschen mit dem Gesäß leicht nach vorne. Halten Sie Ihren Oberkörper gerade. Heben und senken Sie eingangs Ihre Schultern. Anschließend kreisen Sie mit Ihren Schultern rückwärts. Vollziehen Sie dabei möglichst große Kreise, die Ihnen jedoch keine Schmerzen bereiten dürfen. Versuchen Sie dann, hinter Ihrem Rücken mit der linken Hand von oben und der rechten von unten die Finger zu berühren – und anschließend umgekehrt.

14. Die fünf Schätze der Selbsthypnose

Diese Selbsthypnoseübung vermittelt Ihnen ein Gefühl innerer Ruhe und richtet Ihre Aufmerksamkeit auf positive Gedanken. Berühren Sie dazu nacheinander mit verschiedenen Fingern den Daumen Ihrer dominanten Hand. Rechtshänder legen die Finger der rechten Hand an den rechten Daumen, Linkshänder nehmen dazu die linken

Finger und den linken Daumen. Jeder Finger steht dabei für einen der folgenden Gedanken:
Berühren Sie mit dem **Zeigefinger** Ihren Daumen und versuchen Sie, sich an einen Moment zu erinnern, in dem Sie einen Zustand angenehmer körperlicher Müdigkeit verspürt haben.
Berühren Sie mit dem **Mittelfinger** Ihren Daumen und denken Sie an einen schönen Augenblick, den Sie mit einem geliebten Menschen geteilt haben.
Berühren Sie mit dem **Ringfinger** Ihren Daumen und erinnern Sie sich an das netteste Kompliment, das Ihnen je gemacht wurde. Nehmen Sie in diesem Augenblick das Kompliment voll und ganz an.
Berühren Sie mit dem **kleinen Finger** Ihren Daumen und verweilen Sie in Gedanken an dem idyllischsten Ort, den Sie kennen.
Ich konnte leider nicht herausfinden, von wem diese Übung stammt. Deshalb möchte ich mich an dieser Stelle unbekannterweise herzlich für diese wunderschöne Anregung bedanken.

15. Mini-Urlaub

Der Mini-Urlaub ist eine Gedankenreise, mit der Sie sich ganz schnell ein bisschen erholen und entspannen können: Setzen Sie sich auf die Vorderkante Ihres Stuhls, strecken Sie die Beine aus und lehnen sich zurück. Heben Sie die Arme über den Kopf und machen Sie sich ganz lang. Jetzt schließen Sie die Augen und kehren in Gedanken zu Ihrem letzten Urlaub zurück. Oder Sie träumen sich den kommenden herbei. Dabei dehnen Sie sich ganz sanft von der Halswirbelsäule bis zur Lendenwirbelsäule.

Damit sorgen Sie für eine stärkere Durchblutung, für eine bessere Versorgung der Muskulatur und beugen so Verspannungen vor.

16. Das handwarme Augenbad
Setzen oder stellen Sie sich aufrecht hin. Schließen Sie Ihre Augen und reiben Sie anschließend Ihre Handflächen aneinander, bis Sie die Wärme spüren. Legen Sie Ihre warmen Handflächen nun sanft wie eine Kuppel über die geschlossenen Augen. Sie sollen die Augen dabei nicht berühren.
Atmen Sie nun zwei Minuten lang gleichmäßig ein und aus und lassen Sie beim Ausatmen alle Gedanken ziehen.
Bei dieser Übung erholen sich Ihre Augen, insbesondere von anstrengender Bildschirmarbeit. Zum Abschluss recken und strecken Sie sich, schlagen die Augen wieder auf und sehen Ihr Leben mit einem neuen Blick.

17. Aktivierung durch Klopfen der Thymusdrüse
Klopfen Sie circa 30 Sekunden mit den Fingerspitzen oder mit der Faust sanft auf die Mitte Ihres Brustbeins und stimulieren dabei Ihre Thymusdrüse. Dabei werden Botenstoffe, die Thymuspeptide, ausgeschüttet, die Ihren Körper aktivieren und dabei helfen können, Stress abzubauen. Eine Aktivierung der Thymusdrüse kann Ihnen sowohl vor einer wichtigen Besprechung als auch mitten in einem Streit der Kinder neue Kraft verleihen.

18. Achtsamkeitsspaziergang
Wenn Sie das nächste Mal alleine oder mit Ihrer Familie spazieren gehen, versuchen Sie dabei möglichst aufmerksam zu sein und Ihre Sinne zu aktivieren. Bleiben Sie zwischendurch immer wieder einmal stehen und nehmen sich Zeit,

auf die Vielzahl Ihrer Wahrnehmungen zu achten. Spüren Sie den Wind auf Ihrer Haut und die Baumwurzeln unter Ihren Füßen, riechen Sie den frischen Waldboden und lauschen dem Zwitschern der Vögel. Welche Gerüche und Geräusche nehmen Sie noch wahr? Gehen Sie anschließend weiter und wiederholen diesen Moment des Innehaltens nach einer Weile. Wenn Sie gemeinsam mit Ihren Kindern unterwegs sind, können Sie in die Runde fragen: *Was hört, seht, riecht, spürt Ihr?*

Anhang 3:
10 goldene Regeln für Mütter im Spagat

1. Planen Sie Ihren Tag im Voraus. Dann brauchen Sie weniger Zeit für die Durchführung. Verplanen Sie dabei im Optimalfall nicht mehr als 50 Prozent Ihrer Zeit. So schonen Sie Ihre Energiereserven und lassen Raum für Unvorhergesehenes.

2. Perfektionieren Sie Ihre Fähigkeit, Prioritäten zu setzen. Stellen Sie sich gerade in Momenten größten Zeitdrucks die Frage: *Was ist mir momentan wirklich wichtig?*

3. Hinterfragen und entrümpeln Sie Ihr schlechtes Gewissen und verabschieden Sie sich von der Vorstellung, es immer allen recht machen zu müssen.

4. Lernen Sie *nein* zu sagen, wenn Ihnen zusätzliche Aufgaben aufgebürdet werden. Geben Sie lieber von den bisherigen etwas ab: an den Partner, die Großeltern, an Freundinnen,...

5. Schicken Sie Ihren Perfektionismus ins Exil und gönnen sich den Luxus der Unvollkommenheit.

6. Achten Sie auf ein gesundes Maß an Bewegung, Ernährung und Schlaf. Dies ist eine Grundvoraussetzung für gute Laune und starke Nerven.

7. Finden Sie Entspannungs- und Atemübungen, die gut zu Ihnen und Ihrem Leben passen. Versuchen Sie im-

mer wieder, Dinge bewusst zu tun, mit all Ihren Sinnen. Sie schaffen sich damit kleine Inseln der Ruhe im Alltag und steigern Ihr seelisches Wohlbefinden.

8. Nehmen Sie sich regelmäßig Auszeiten. Für Hobbys, den Partner, soziale Kontakte, Massagen, ... Gönnen Sie sich diese Zeit, um abzuschalten und neue Kraft für den Alltag zu sammeln.

9. Sie wollen einiges in Ihrem Leben ändern? Machen Sie innerhalb von 72 Stunden den ersten Schritt. Was Sie innerhalb von drei Tagen anpacken gelingt am ehesten.

10. **Eine gute Mutter ist eine Mutter, der es gut geht!**

Literaturverzeichnis

Angart, Leo, Kinder brauchen keine Brille, Mit effektiven und spielerischen Übungen zurück zur natürlichen Sehkraft, Nymphenburger Verlag, München 2012.

Bamberger, Anna-Maria und Christoph M., Die 50 besten Stress Killer, Meine Work-Life-Balance finden, Trias Verlag, Stuttgart 2012.

Bayer, Karin, Stressbewältigung – Stressfaktoren erkennen, Anspannung meiden, Druck abbauen, Gondrom Verlag, Bindlach 2004.

Bengtsdotter, Estrid, Kühlhorn, Lotta, Sauber! Putzen mit Pep, Verlagsgruppe Lübbe, Bergisch Gladbach 2003.

Bleier, Bianka, Schilling, Birgit, Besser einfach – einfach besser, Das Haushalts-Survival-Buch, SCM Hänssler Verlag, Holzgerlingen 2013.

Blunt, Stavia, Zeit genug für Job und Kind, Wie sich Familie und Beruf vereinbaren lassen, Herder, Freiburg im Breisgau 2000.

Eder, Brigitte-C., Telearbeit aus ergonomischer und arbeitspsychologischer Sicht, Sichere Arbeit, Nr. 2, 2015.

Fabach, Sabine, Burn-out – Wenn Frauen über ihre Grenzen gehen, Orell Füssli Verlag AG, Zürich 2007.

Fasching, Wolfgang, Mental fit im Alltag, 111 Mentaltipps zum praktischen Anwenden, Colorama Verlagsgesellschaft mbH, Salzburg 2010.

Faust, Susanne, Lockstein, Carolin, Relax! Der schnelle Weg zu neuer Energie, GU Verlag, München 2001.

Ferber, Sandra K., Hexen Einmaleins für freche Mütter – Magie für den Alltag mit Kindern, Heinrich Hugendubel Verlag, Kreuzlingen/München 2002.

Friedrich, Sabine, Friebel, Volker, Entspannung für Kinder, Seminarmanual, Horb 2002.

Gerberding, Eva, Holst, Evelyn, Wer sagt, dass Kinder glücklich machen? Von Müttern und Vätern am Rande des Nervenzusammenbruchs, Südwest Verlag, München 2012.

Hainbuch, Friedrich, Muskelentspannung nach Jacobson, GU Verlag, München 2004.

Hilsberg, Regina, Mehr Zeit für die Familie – Wie Sie den Alltag richtig organisieren, Rowohlt Taschenbuch Verlag, Reinbek bei Hamburg 1999.

Holdau, Felicitas, Einfach gut drauf – Tolle Gute-Laune-Macher, Wellness-Tipps und Psycho-Tricks, GU Verlag, München 1999.

Iding, Doris, Der kleine Achtsamkeitscoach, Wie Sie im Jetzt ankommen und zu wahrer Gelassenheit finden, GU Verlag, München 2013.

Jordan, Tim, Krisenmanagement zwischen Kind und Job – Tipps für berufstätige Eltern, Herder Verlag, Freiburg im Breisgau 2002.

Kaluza, Gert, Gelassen und sicher im Stress, Das Stresskompetenz-Buch: Stress erkennen, verstehen, bewältigen, Springer Verlag, Berlin Heidelberg 2014.

Kaminski, Marion, Schall, Juliane, Immler, Thymian, Ich bin wieder da! Erfolgreicher Neueinstieg nach der Babypause, Signum Wirtschaftsverlag, Wien 2004.

Kammerer, Doro, Seiwert, Lothar J., Endlich Zeit für mich! Wie Frauen mit Zeitmanagement Arbeit und Privatleben unter einen Hut bringen, mvg-Verlag, Landsberg am Lech 2000.

Kempf, Hans-Dieter, Die kleine Rückenschule, Wirksam helfen, einfach vorbeugen, rororo, Reinbek 2015.

Kernmayer, Franz, Gesund und fit am Arbeitsplatz, Zeitschrift der Arbeiterkammer, Wien, September 2004.

Koppenhöfer, Eva, Lutz, Rainer, Therapieprogramm zum Aufbau positiven Erlebens und Handelns bei depressiven Patienten, Graz, Seminarmanual 1997.

Küstenmacher, Marion und Werner, Ehe für Vielbeschäftigte – Wie Sie auch unter Belastung Zeit für die Liebe finden, simplify your life – Beratungsbrief, Nr. 10, Oktober 2005.

Küstenmacher, Marion und Werner, simplify your life – Mit Kindern einfacher und glücklicher leben, campus Verlag, Frankfurt/Main 2004.

Matyssek, Anne K., Stark im Job, Wie Sie Ihre psychische Gesundheit schützen, Junfermann Verlag, Paderborn 2012.

Matyssek, Anne K., Gesund führen – sich und andere! Trainingsmanual zur psychosozialen Gesundheitsförderung im Betrieb, Books on Demand GmbH, Norderstedt 2011.

Matyssek, Anne K., Wahnsinn Büro, Überleben zwischen E-Mail-Fluten, Gerüchteküche und Meetingmarathon, Gondrom Verlag GmbH, Bindlach 2008.

Nuber, Ursula, Arbeit und Familie – Wir können beides haben, Psychologie Heute, Nr. 5, Mai 2003.

Nussbaum, Cordula, Familien-Alltag sicher im Griff – So meistern Sie das tägliche Chaos gelassen und souverän, GU Verlag, München 2004.

Ochs, Matthias, Orban, Rainer, Familie & Beruf – Work-Life-Balance für Väter, Beltz Verlag, Weinheim und Basel 2007.

Richter, Julia, Wiedereinstieg nach der Elternzeit – Die besten Strategien für einen Neustart, Heyne Verlag, München 2005.

Rose, Sara, Stressbewältigung – natürlich gesund, Parragon Verlag, UK 2004.

Seiwert, Lothar, Noch mehr Zeit für das Wesentliche, Zeitmanagement neu entdecken, Heinrich Hugendubel Verlag, Kreuzlingen/München 2006.

Seiwert, Lothar, Don´t hurry be happy – In 5 Schritten zum Lebenskünstler, GU Verlag, München 2003.

Seyffert, Sabine, Entspannung für gestresste Mütter – Wie Sie täglich neue Kraft schöpfen, Herder Verlag, Freiburg im Breisgau 2002.

Seyffert, Sabine, Wohlfühlinseln für Mütter – Tipps und Ideen zum Lachen, Kuscheln, Glücklichsein, Kösel-Verlag, München 2001.

Vorwerk Familienstudie 2009, Ergebnisse einer repräsentativen Bevölkerungsumfrage zur Familienarbeit in Deutschland, Juli 2009, Allensbacher Archiv, IfD-Bericht Nr. 7467.

Wagner-Link, Angelika, Der Stress – Stressoren erkennen, Belastungen vermeiden, Stress bewältigen, Broschüre der Techniker Krankenkasse, Hamburg 2000.

Weikert, Annegret, Der Ratgeber für Alleinerziehende, Die täglichen Herausforderungen erfolgreich bewältigen, Südwest Verlag GmbH, München 1998.

Weiß, Halko, Harrer, Michael E., Dietz, Thomas, Das Achtsamkeitsbuch, Grundlagen, Übungen, Anwendungen, Klett – Cotta, Stuttgart 2010.

Work Life Balance Expert Group (Hrsg.), Leistung und Liebe leben, Redline Wirtschaft, Frankfurt 2004.

Unbedingt empfehlenswert:
Covey, Stephen R., Die 7 Wege zur Effektivität für Familien, Prinzipien für starke Familien, Gabal Verlag GmbH, Offenbach 2011.

Hoffritz, Jutta, Aufstand der Rabenmütter – Warum Kinder auch ohne Baby-Yoga und Early-English glücklich werden, Knaur Verlag, München 2008.

Kirkman, Rick, Scott, Jerry, Baby Blues – Mama ist die Beste, Verlag achterbahn, Oldenburg 2006.

Seiwert, Lothar, Die Bärenstrategie – In der Ruhe liegt die Kraft, Heinrich Hugendubel Verlag, Kreuzlingen/München 2005.

Die Autorin

Petra Ruprechter-Grofe begleitet als selbständige Psychologin und Trainerin seit nunmehr zehn Jahren Mütter, die ihr Leben im Spagat zwischen Beruf und Familie entschleunigen und vereinfachen möchten. Sie ist Expertin für Work-Life-Balance, Burnout-Prävention, Entspannung sowie Tabakentwöhnung und arbeitet erfolgreich sowohl mit Einzelpersonen als auch mit Gruppen.
Als berufstätige Mutter zweier Töchter weiß sie, wovon sie spricht, wenn sie neue Perspektiven auf den Alltagswahnsinn zwischen Projektmeetings, Staublurch und kindlichen Wutanfällen aufzeigt. Nichtsdestotrotz schätzt sie diese Lebensform und ermuntert Frauen, möglichst viele Facetten ihrer Persönlichkeit auszuleben. Ihr Motto lautet: Eine gute Mutter ist eine Mutter, der es gut geht! Egal welches Familienmodell sie gewählt hat.

Das Trainingsprogramm von Petra Ruprechter-Grofe, „Mütter im Spagat © – Stressbewältigung, Entspannung und Zeitmanagement für berufstätige Mütter", läuft seit 2007 und wurde im Rahmen eines EU-Projektes evaluiert und in seiner Wirksamkeit bestätigt.

Welche Erfahrungen machen Sie als Mutter im Spagat und welche Strategien helfen Ihnen, den Kopf über Wasser zu halten?
Schreiben Sie an ruprechter-grofe@arbeitsberatung.at – die spannendsten Lösungsvorschläge und kreativsten Tipps werden (mit Einverständnis der Einsenderinnen) auf der Website www.arbeitsberatung.at veröffentlicht.
Dort finden Sie auch sämtliche im Buch präsentierten Übungsvorschläge zum Ausdrucken.